Noë[l]

Chère Alexandra,

Votre mission est d[e]
soutenir dans cette aventur[e]
inconnue. C'est vraiment très
apprecié d'avoir quelqu'un
vers qui se porter pour répondre
à nos questions.

Alors merci pour votre soutien
vers la guérison et je vous
souhaite un joyeux Noël
et une bonne année
remplie de joie, d'amour et
de santé, car sans elle
tout est reporté

Laliberté

44 facettes du bonheur

Éditeur : Jacques Simard

Catalogage avant publication de Bibliothèque et Archives nationales du Québec et Bibliothèque et Archives Canada

Laliberté, Lyne, 1966-
44 facettes du bonheur
(Développement personnel)
Comprend des références bibliographiques et un index.
ISBN 978-2-7640-2652-6
1. Bonheur. I. Titre. II. Titre : Quarante-quatre facettes du bonheur. III. Collection : Collection Développement personnel (Éditions Québec-Livres).

BF575.H27L34 2017 152.4'2 C2017-940378-8

Imprimé au Canada

Groupe Librex inc.
Une société de Québecor Média
955, rue Amherst
Montréal (Québec) H2L 3K4
Tél. : 514 270-1746

Dépôt légal : 2017
Bibliothèque et Archives nationales du Québec

DISTRIBUTEURS EXCLUSIFS :

Pour le Canada et les États-Unis :
MESSAGERIES ADP inc.*
Téléphone : 450-640-1237
Internet : www.messageries-adp.com
* filiale du Groupe Sogides inc.,
filiale de Québecor Média inc.

Pour la France et les autres pays :
INTERFORUM editis
Téléphone : 33 (0) 1 49 59 11 56/91
Service commandes France Métropolitaine
Téléphone : 33 (0) 2 38 32 71 00
Internet : www.interforum.fr
Service commandes Export – DOM-TOM
Internet : www.interforum.fr
Courriel : cdes-export@interforum.fr

Pour la Suisse :
INTERFORUM editis SUISSE
Téléphone : 41 (0) 26 460 80 60
Internet : www.interforumsuisse.ch
Courriel : office@interforumsuisse.ch
Distributeur : OLF S.A.
Commandes :
Téléphone : 41 (0) 26 467 53 33
Internet : www.olf.ch
Courriel : information@olf.ch

Pour la Belgique et le Luxembourg :
INTERFORUM BENELUX S.A.
Téléphone : 32 (0) 10 42 03 20
Internet : www.interforum.be
Courriel : info@interforum.be

Gouvernement du Québec – Programme de crédit d'impôt pour l'édition de livres – Gestion SODEC.

L'Éditeur bénéficie du soutien de la Société de développement des entreprises culturelles du Québec pour son programme d'édition.

Financé par le gouvernement du Canada
Funded by the Government of Canada
Canada

Nous reconnaissons l'aide financière du gouvernement du Canada par l'entremise du Fonds du livre du Canada pour nos activités d'édition.

Lyne Laliberté

44 facettes du bonheur

Préface de François Lemay

LES ÉDITIONS
Québec-Livres
Une société de Québecor Média

Préface

Le bonheur est une quête qui semble facile pour certains et difficile pour d'autres. Une quête qui semble parfois nous glisser entre les doigts : plus on cherche à la poursuivre, plus il est difficile d'y arriver. Le bonheur, c'est ce mot parfois mal compris qui semble détenir tout ce qui peut nous rendre heureux. Or, en réalité, la perception du bonheur est différente pour chacun.

Et pour vous ? Que représente exactement l'essence du bonheur ? Avant de chercher à être heureux, ne croyez-vous pas qu'il faudrait arriver à savoir, dans un premier temps, ce qui nous rend vraiment heureux ?

J'ai eu la chance de rencontrer Lyne dans un regroupement de gens d'affaires il y a de cela plusieurs années. J'ai remarqué immédiatement qu'elle était une femme d'un grand leadership et qui semblait déterminée comme pas une. Elle caressait de grands rêves et elle travaillait toujours très fort pour arriver à ses fins. Disons qu'aujourd'hui je sais qu'elle appliquait les grandes règles et vérités qui conduisent automatiquement au succès d'une vie lorsqu'on les applique.

En lisant son manuscrit, je suis arrivé à voir la femme d'affaires sous un angle différent. J'ai découvert la femme, la maman, la *superwoman*, et surtout j'ai pu voir différemment l'amie qu'elle est devenue au fil des années. En prenant conscience de tout cela, j'ai été porté par une grande fierté pour la femme qu'elle devient.

Lyne avait depuis fort longtemps ce grand rêve d'écrire son livre. Elle n'a pas eu la vie facile, mais son rêve poussait tellement fort en elle qu'elle est passée à l'action en libérant du temps dans son agenda déjà très chargé. Lyne se levait très tôt le matin pour marcher en direction de son grand rêve. Je connais très peu de gens qui ont une discipline de vie comme cette femme qui a persévéré, chaque jour, se levant à 5 h du matin pour écrire un chapitre à la fois, afin de bien mener à terme ce projet si cher à son cœur. L'œuvre de Lyne est un véritable bijou. Elle contient de merveilleux outils, efficaces, pour que chaque lecteur puisse arriver à vivre une vie saine et à prendre conscience d'étapes simples afin de remplir son quotidien de bonheur.

Qui a dit que cela prenait de grandes choses compliquées pour arriver à être heureux dans la vie ? C'est tellement important qu'on nous le rappelle. Lyne a su discerner et comprendre que le bonheur se retrouve souvent dans les petites choses bien simples de la vie, et a compris surtout qu'il se situe dans l'instant présent.

J'ai eu le grand privilège de lire le livre de Lyne et j'ai adoré suivre les aventures de l'auteure dans cette histoire touchante. D'autant plus que je savais que mon amie avait écrit, chaque matin, avec discipline et courage, pour arriver à réaliser son projet. J'arrivais à discerner l'état dans lequel elle se trouvait chaque matin, de par son inspiration, par moments dans la gratitude la plus totale, d'autres fois dans une grande humilité. En parcourant chacun des mots, des lignes et des chapitres, je percevais les changements de ses états d'âme et j'avais tellement envie d'en lire encore et toujours.

L'œuvre de mon amie est un recueil de mille et un trucs qui vous permettront d'activer facilement le bonheur dans votre vie. En parcourant comme je l'ai fait son contenu, vous y découvrirez des astuces géniales. Un grand homme nommé Albert Einstein a dit un jour : « Rien ne se perd, rien ne se crée, tout se transforme. »

Dans cet ouvrage que nous offre l'auteure, j'ai retrouvé sous une seule et même œuvre des perles de sagesse que j'avais lues dans différents livres de croissance personnelle. Si vous êtes comme moi et avez probablement lu des centaines de livres d'éveil, celui-ci vous rappellera certains éléments clés à appliquer quotidiennement dans votre vie afin de vivre plus heureux et, surtout, arriver à connaître ce bonheur véritable que nous recherchons tous activement.

Je vous assure, vous aurez envie de plier certaines pages ou encore de surligner certains passages importants. Il y a énormément de rappels importants dans ce livre, croyez-moi, et il vous est offert, aujourd'hui, avec l'authenticité du cœur qu'une femme courageuse, persévérante, disciplinée vous livre en toute humilité.

Écrire un livre, c'est bien, mais quand cela est fait avec une pure intention de se livrer, de contribuer à l'éveil de la conscience des gens, ça ne peut que faire une grande différence dans notre monde.

Je vous souhaite sincèrement, avec tout mon amour, de vous laisser porter tout au long de votre lecture par ces 44 facettes du bonheur. Lyne vous offre le meilleur d'elle-même, et j'espère de tout mon cœur que cette œuvre pourra arroser d'amour et de lumière le cœur de milliers de personnes, tout comme elle a su le faire pour moi.

François Lemay

Introduction : Qui suis-je ?

Il y a bien longtemps que j'ai envie d'écrire un livre et que beaucoup de sujets me passent par la tête. Au début, je voulais écrire un roman, puis j'ai pensé à raconter ma vie, car j'ai vécu bien des péripéties et des expériences de tous genres.

En 2010, Patrick Huard parlait de sortir son nouveau spectacle intitulé *Le bonheur*. C'est là que j'ai eu l'idée d'écrire sur ce thème. Mon objectif était de le publier juste avant son spectacle prévu en mars 2012. J'ai alors commencé à écrire. J'adore écrire depuis toujours, j'adore cuisiner, j'adore le cinéma et j'ai longtemps cherché le bonheur dans ma vie : ce sujet me convenait donc particulièrement bien.

J'ai alors trouvé que *Ma recette du bonheur* était un titre excellent pour mon livre, car, je me répète, j'adore cuisiner et je suis celle qui a toujours une recette de réussite à partager avec les gens. D'ailleurs, c'est également le titre du dernier film produit par Spielberg, sorti en septembre 2014, et qui nous parle de bonheur et de cuisine : *Le voyage de cent pas*.

Toutefois, le bonheur est un sujet qui a beaucoup été traité en littérature. Le défi est donc grand, mais je tiens tout de même à le relever. Une fois terminé, ce livre sera une étape de plus vers le bonheur ultime.

J'ai donc commencé à écrire cet ouvrage en 2010, mais j'ai rapidement arrêté, car la vie n'était pas si joyeuse pour moi et je n'étais pas inspirée pour réfléchir sur le bonheur.

Aujourd'hui, à l'aube de mes 50 ans, je crois avoir enfin trouvé le bonheur dans ma vie. Je peux dire que je suis une femme comblée par la vie, une femme heureuse qui a compris bien des choses. Je peux maintenant dire que je sais mieux qu'avant ce qu'est le bonheur. Une grande partie de la recette est de se connaître soi-même pour savoir ce que l'on aime vraiment et ce qui nous rend heureux. Pas toujours facile, vous dirais-je, car c'est au comble de bien des erreurs, des cris, des pleurs, des essais-erreurs que je suis venue à bout de savoir ce qui me convient: Qui suis-je? Où vais-je? Voilà des questions que je me suis posées maintes et maintes fois dans la vie. J'ai accumulé les conjoints, les maisons, les métiers – secrétaire aux ressources humaines, représentante Tupperware, propriétaire d'un gîte touristique, formatrice en informatique, adjointe dans un service de loisirs, chargée de projets en commandite pour la télévision et même technicienne en pose d'ongles. Que de métiers différents! Mais tout au long de ces expériences de vie, une seule chose m'a suivie et me suivra toujours: l'écriture. L'écriture des autres par la lecture de livres tous différents les uns des autres, romans, ouvrages de psychologie ou de spiritualité. Depuis ma tendre enfance, j'ai toujours été passionnée par la lecture. Dès mon jeune âge, ma mère devait insister pour que j'éteigne la lumière lorsqu'il était temps de dormir. Je dévorais les livres!

La graphologie fut aussi une de mes passions à une certaine époque; l'écriture des autres me passionnait et j'analysais leur calligraphie pour découvrir leur personnalité. Aussi, j'ai longtemps tenu à jour l'écriture d'un journal au quotidien, et ce, depuis mon enfance. L'écriture s'est ensuite transformée en un premier roman que j'ai envoyé chez des éditeurs en 2008, en espérant susciter suffisamment leur intérêt pour qu'il soit publié. Cette passion pour l'écriture remonte à bien longtemps. J'ai commencé par écrire mon journal à la préadolescence, puis j'écrivais des lettres d'amour à mes amoureux. J'ai ensuite déménagé en Europe et j'ai toujours continué d'écrire à mes amies : je passais de nombreuses heures à leur raconter ce qui se passait dans ma nouvelle vie. Puis est venue la naissance de mon premier enfant : j'ai commencé à tenir un journal de ma grossesse et ensuite de cette petite nouvelle vie qui venait de naître. Un deuxième enfant est né, et j'ai continué d'écrire sur cette deuxième vie.

Par la suite, ma vie est devenue plus compliquée et les conflits avec mon conjoint n'ont fait qu'augmenter. J'étais malheureuse ; pour m'évader, j'ai commencé à écrire mes peurs, mes tristesses, mes frustrations, mes états d'âme. Je m'y consacrais tous les jours.

Puis la séparation est arrivée. J'ai ensuite rencontré un autre homme, et je me pensais enfin heureuse. Puis un troisième enfant. Et j'ai continué d'écrire sur ma grossesse et sur cette troisième petite vie que je venais de mettre au monde.

Un jour, mon conjoint a commencé à lire mes écrits, mes joies et mes peines. Il n'appréciait pas que je raconte mes peines, car il trouvait qu'en écrivant du négatif j'en restais imprégnée pour toujours. Je lui ai fait souvent part de ma frustration, car je ne voulais pas qu'il lise mon journal, mais il ne voulait rien entendre.

Aujourd'hui je ne suis plus avec cet homme, mais grâce à lui j'ai entrepris l'écriture de mon premier roman. Peut-être sera-t-il publié un jour... Ne pouvant plus écrire mon journal dans l'intimité, j'ai commencé à écrire une histoire inventée de toutes pièces, chaque matin et chaque soir, dans le train en rentrant du travail entre Montréal et la Rive-Sud. J'ai beaucoup aimé cela. Mes doigts pianotaient gaiement sur le clavier de mon ordinateur et l'inspiration me venait instantanément.

Puis j'ai écrit un jour « Fin » sur la dernière page. Cette relation a été positive, car en plus d'avoir donné naissance à mon petit dernier qui est merveilleux, j'ai commencé à écrire des livres et à en prendre goût.

Aujourd'hui, j'ai envie de vous faire profiter de mes inspirations ; je sais maintenant que l'écriture me permet de m'évader et de me rendre heureuse. Je m'inspire de mes lectures, ce que je fais tous les jours. Un jour, j'écrirai un livre à succès. Je le sais au plus profond de moi-même. L'écriture fait partie intégrante de mon bonheur. L'écriture sous toutes ses formes, avec ses hauts et ses bas.

1

Le bonheur, c'est quoi ?

« Le bonheur est un état durable de plénitude, de satisfaction ou de sérénité, état agréable et équilibré de l'esprit et du corps, d'où la souffrance, le stress, l'inquiétude et le trouble sont absents. Le bonheur n'est pas seulement un état passager de plaisir, de joie, il représente un état d'équilibre qui dure dans le temps. C'est un concept qui a été étudié en philosophie, en psychologie et en sociologie. » (Wikipédia)

Voici donc quels sont pour moi des moments de bonheur :

- Me réveiller le matin et me blottir dans les bras de mon amoureux.
- Sentir l'odeur du café que j'aime tant.
- Profiter d'une journée pluvieuse d'automne où l'on flâne à la maison et où l'on ne fait que ce que l'on aime auprès des nôtres.
- Lire un bon livre, tôt le matin, lorsque le jour n'est pas encore levé et que tout le monde dort dans la maison.
- Faire une promenade l'automne dans la forêt.
- Cuisiner de bons petits plats pour le plaisir de mon conjoint et de mes enfants.
- Profiter d'une journée ensoleillée à me prélasser au soleil.

- Prendre un bon verre de vin rouge avec mon conjoint le vendredi soir en préparant le souper.
- Découvrir le sourire d'un de mes enfants au réveil lorsqu'il me tend les bras pour que je lui fasse un gros câlin.
- Me blottir dans les bras de mon amoureux pour m'endormir le soir.
- Voir les enfants heureux à jouer dans la rue avec leurs amis.
- Profiter d'un souper entre amis avec un bon repas, du bon vin et discuter.
- Le 25 décembre au matin, lorsque l'on se réveille, ouvrir les cadeaux que le père Noël nous a apportés.
- Voir un bon film au cinéma qui me fait rire, pleurer et où je ressens plein d'émotions en tenant mon amoureux par la main.
- Participer à une fête d'enfants avec les amis et la famille où tout le monde rit, discute et a du plaisir.
- Faire une sortie en famille le dimanche pour rendre les enfants heureux.
- Prendre des vacances à la plage à me prélasser, lire et m'amuser, que ce soit en famille, seule, ou avec mon conjoint.
- Organiser les prochaines vacances.
- Profiter d'une heure ou deux où je me retrouve seule à la maison, sans conjoint ni enfants, où je peux être tranquille et faire ce que je veux.
- Faire la grasse matinée un dimanche matin.
- Partir le matin pour faire un travail que j'aime et être contente d'aller rencontrer mes collègues et mes clientes.
- Savourer une bonne fondue au fromage après une journée de ski.

- Profiter d'un bon bain chaud avec mon amoureux, et un verre de vin.

Et vous, quels sont donc vos petits bonheurs au quotidien ?

2

Le bonheur a-t-il un secret ?

Quel est donc le secret du bonheur ? Pourquoi certaines personnes ont-elles l'air de l'avoir trouvé si facilement et d'autres ne font qu'accumuler les erreurs, les malchances, la maladie ? Qu'est-ce qui fait la différence entre une personne heureuse et une autre malheureuse ? Est-ce son attitude, sa compréhension de la vie, sa facilité à voir la vie du bon côté, son positivisme, sa chance ? Y a-t-il une recette miracle pour pouvoir être heureux dans la vie ? Est-ce qu'il faut gagner à la loterie et être millionnaire, ou encore être une vedette internationale ?

Il est important de se poser toutes ces questions. D'y réfléchir. Dans cette chronique et les suivantes, je vais vous transmettre mes trucs, les outils qui me viennent de mes recherches, de mes lectures, de mes séminaires et de ma croissance personnelle, bref, tout ce que j'ai décidé d'appliquer dans mon quotidien pour le rendre le plus agréable et confortable possible. Après tout, je suis l'unique responsable de ma vie, tant de mon bonheur que de mon malheur. J'ai donc choisi d'être heureuse, de m'entourer de personnes positives et de me donner des outils pour y parvenir le plus souvent possible. Je suis vraiment contente que vous ayez choisi de lire mon livre. J'espère qu'il deviendra pour vous une référence et qu'il vous aidera à vivre dans l'amour, la paix et le bonheur tous les jours.

3

Le bonheur de mon éducation

J'ai été élevée dans une famille où l'argent était plus important que le bonheur. Dans la vie, il fallait aller à l'école pour étudier, avoir un bon emploi payant et une retraite assurée. J'étais une petite fille pleine de vie et de passion : la lecture, l'écriture, le chant, la mode, une petite artiste créative qui aimait la vie et les amies. Je voulais avoir du plaisir et faire des choses que j'aime.

J'ai donc voulu aller au collège Lasalle pour étudier en mode et me diriger dans cette branche qui me passionnait ; cependant, mes parents n'étaient pas d'accord. Selon eux, comme j'avais de bonnes notes à l'école, je devais aller à l'université et faire de longues études pour avoir un emploi payant. C'est comme ça que j'allais être heureuse, avaient-ils décidé !

Pourtant, il n'en fut rien. Je suis entrée au cégep en sciences, j'ai coulé tous mes cours de sciences, j'ai fini mes études en sciences humaines et je suis partie vivre en Europe. Là, j'ai entrepris des études en secrétariat, option mode, car celle-ci est ma passion. En Suisse, je n'avais pas vraiment de débouchés dans ce domaine et je me suis retrouvée secrétaire dans une grande entreprise de soudure. Ouch ! On est loin de la mode et de la beauté !

Qu'est-ce que mes parents ont gagné dans cette histoire ? En ce qui me concerne, cela m'a fait croire que, pour être heureuse, je devais avoir de l'argent. J'ai continué mon petit bonhomme de chemin avec cette pensée en tête.

Et pourtant ! Oui, j'ai eu de grands moments de bonheur dans la vie et j'étais très à l'aise financièrement. Cependant, à l'intérieur de moi, je ressentais un vide même si je me pensais heureuse. En fait, je vivais bien sûr des moments de bonheur, mais mon être n'était pas profondément heureux. Je n'étais pas bien avec moi-même, je n'étais pas complètement moi-même, je portais un masque au quotidien. Le masque du bien-paraître, le masque de la petite fille qui veut plaire et faire bonne impression devant tout le monde. Je n'étais pas Lyne Laliberté telle qu'elle était vraiment, mais Lyne Laliberté telle qu'on voulait qu'elle soit. Je vivais ma vie en fonction des autres et de ce qu'ils allaient dire et penser de tous mes faits et gestes. Comment peut-on être profondément heureuse en vivant de cette façon ? Je n'en avais aucune idée, mais en fait, à cette époque, je ne me posais même pas la question, car je me pensais vraiment heureuse.

Puis un jour, après avoir eu mes deux enfants et en avoir perdu un troisième, après avoir suivi des thérapies chez des psychologues et lu des livres sur le bonheur, après être revenue habiter dans mon pays, j'ai décidé de quitter mon mari pour être plus heureuse et penser à mon bonheur... au grand désespoir de ma belle-mère. Elle ne croyait pas qu'on puisse agir ainsi. Penser à son propre bonheur au détriment de celui de notre mari et de nos enfants, et quitter une vie d'abondance en espérant être plus heureuse : pour elle, j'étais complètement folle d'agir ainsi.

Et pourtant... Ce jour-là, j'ai compris que le bonheur ne venait pas avec l'argent. C'est là que j'ai commencé à travailler plus fort sur moi-même, à chercher le bonheur, le vrai bonheur.

4

Le bonheur et l'argent

Bonheur rime-t-il avec argent? On a souvent entendu cet adage: Mieux vaut être riche et heureux que pauvre et en santé! Moi, je dirais plutôt que pour être heureux, «il vaut mieux être riche et bien portant que pauvre et malade». (Francis Blanche)

On s'entend sûrement pour dire que l'argent ne fait surtout pas le bonheur, mais qu'il y contribue tout de même un peu. Personne n'a besoin d'être millionnaire pour être heureux, on est bien d'accord. Par contre, dans la misère totale et la pauvreté extrême, ce doit être tout de même difficile de vivre totalement heureux.

Le manque d'argent est une source de conflit dans les couples, une souffrance quotidienne pour un parent monoparental, pour une personne âgée dans le besoin, pour un enfant qui ne peut pas déjeuner, pour un mendiant dans la rue. Même si on crie tout haut que l'argent ne fait pas le bonheur, il faut tout de même se rendre à l'évidence: aujourd'hui, il en faut tout de même une certaine quantité pour assurer nos besoins vitaux et pouvoir s'offrir quelques plaisirs dans un peu de bonheur.

Vous vous rappelez la définition du bonheur dans Wikipédia: «Le bonheur est un état durable de plénitude, de satisfaction ou de sérénité, état agréable et équilibré de l'esprit et du corps, *d'où la souffrance, le stress, l'inquiétude et le trouble sont absents.»* Or, le manque d'argent est une source inévitable de souffrance, de stress, d'inquiétude et de trouble, donc il est en lien direct avec un état de non-bonheur.

J'ai vécu des années de vaches maigres avec trois enfants à nourrir, à me demander comment je ferais pour payer mon loyer à la fin du mois et pour nourrir mes enfants à la hauteur de leurs besoins. Ils n'ont jamais manqué de quoi que ce soit parce qu'il y avait toujours de bons samaritains qui me prêtaient de l'argent et même qui m'en donnaient. Je me suis endettée pour ne pas faire vivre la pauvreté à mes enfants, mais je peux vous jurer que mon stress était très élevé à cette époque et que j'étais bien loin du bonheur.

Aujourd'hui, avec le recul, je suis contente d'avoir surmonté ces embûches dans ma vie. Oui, j'aurais bien voulu offrir plus à mes enfants, car j'ai personnellement vécu une enfance dans l'abondance et je n'ai jamais manqué de rien. Mon père était peu présent à la maison, il travaillait tout le temps, mais ma mère était toujours là pour compenser. Une belle maison, des vacances chaque année, des voitures neuves, un bateau, des crevettes et du filet mignon autant que nous en voulions, et du magasinage à profusion. Oui, c'est ce que j'ai vécu et que j'aurais aussi voulu faire vivre à mes enfants.

Maintenant, j'ai repris ma vie en main. Nous ne sommes pas riches, mais nous ne manquons de rien. Mes enfants ont appris la valeur de l'argent dans ce parcours, et le plus important est que nous sommes vraiment heureux. Nous apprécions ce que nous avons. Mes enfants sont toujours pleins de gratitude pour ce qu'ils ont et ce qu'ils reçoivent. Ils sont devenus des jeunes très appréciés de leur patron. Ils ont une belle attitude dans la vie et je suis vraiment fière d'eux.

L'argent à profusion n'est pas nécessaire, je pense même que dans certains cas il peut devenir malsain. Cependant, le manque d'argent est tout aussi nocif à l'atteinte du bonheur pour les raisons citées plus haut. Avoir suffisamment d'argent pour bien vivre favorise, d'après moi, l'accès au bonheur.

Finalement, l'argent n'est pas nécessaire pour être heureux. C'est la combinaison de plein de petites choses agréables, de personnes qui nous entourent, de gratitude... et assez d'argent pour bien vivre : voilà les sources de bonheur.

Le bonheur est un état doux et agréable à l'intérieur de soi. À lui seul, l'argent ne contribue pas au bonheur.

5

Bonheur, où es-tu ?

C'est à partir du moment où j'ai commencé à être très instable que je me suis aperçue que je n'étais pas heureuse ; je quittais ce que j'avais pour chercher le bonheur ailleurs. Changement de ville, changement de maison, changement de conjoint, changement d'emploi, changement d'amis. Mais où es-tu, sacré bonheur ? Pourrais-je vraiment être heureuse un jour ? Est-ce que quelqu'un pourrait me donner la recette du bonheur ? Je suis au désespoir. Tout ce que je demande, c'est d'être heureuse. Pourquoi ce sacré bonheur est-il si difficile à trouver ?

Le jour où je me suis retrouvée seule avec mes trois enfants et presque sans argent, j'ai commencé à travailler sur moi : j'ai lu, j'ai suivi des formations, j'ai fait du coaching, de la méditation. Je suis devenue une personne plus spirituelle, plus centrée sur les vraies choses, sur l'être humain, sur l'essentiel. Je me suis adoucie et j'ai commencé à savoir qui j'étais, ce que je voulais et comprendre où était le bonheur.

Je pense que le bonheur est accessible à tous et que chaque personne a des façons différentes de l'atteindre. La première question à nous poser : Qu'est-ce qui nous rend heureux ? Il est bien plus facile de trouver quelque chose si l'on sait ce que l'on cherche. Donc, pour être heureux, il faut d'abord atteindre un certain niveau de spiritualité afin de savoir qui nous sommes, ce que l'on aime, ce que l'on veut faire dans la vie, ce qui nous apporte du bonheur, aussi minime soit-il. À mon sens, le bonheur avec un grand B est une accumulation de petits bonheurs au quotidien, et non pas une grande chose qui nous rend heureux une seule fois. Il est bien plus facile d'être heureux si chaque jour nous vivons de petits moments de bonheur et de plénitude. Chaque jour devient ainsi un bonheur en soi, et par le fait même contribue à l'atteinte du bonheur extrême. Ne croyez-vous pas que l'on cherche souvent le bonheur dans de grands moments ? Bien sûr, un mariage est un grand jour de bonheur. Il nous comble si bien que nous nous souviendrons de cette journée comme étant la plus belle de notre vie, toute notre vie durant. Mais si les jours suivants sont tristes, est-ce que l'on peut parler de bonheur ? Par contre, aimer notre chéri jour après jour et être heureux d'être ensemble, être contente de le retrouver chaque jour, voilà ce qui nous apporte un petit bonheur quotidien qui rend la vie si belle.

Pour un écrivain, le jour où son premier roman sera publié est un très grand bonheur d'accomplissement comparable à un mariage. Mais chaque jour où il prend le temps de s'asseoir et d'écrire quelques lignes pour le simple plaisir d'écrire constitue également un bonheur. Si chaque jour il renouvelle ce petit bonheur, il pourra certainement dire qu'il est heureux.

Ah ! le bonheur ! Comme il peut être futile d'une personne à l'autre ! Chacun son bonheur, j'en conviens, mais il y a vraiment des gens qui ont des bonheurs un peu différents de la moyenne, et pourquoi pas !

Quelle serait donc la formule magique pour que chacun de nous soit heureux ? Est-ce possible dans ce monde où nous côtoyons tous les jours la violence, la haine, la peur, la maladie, la mort, la guerre, la faim dans le monde, la pauvreté, l'injustice ? Pouvons-nous espérer qu'un jour chacun pourra être heureux et trouvera sa voie dans la vie, que chacun pourra manger à sa faim, rencontrer l'amour, avoir des amis, un toit ? Que devrait-il se passer pour que le monde chavire ? Est-ce que la spiritualité, par exemple, pourrait nous permettre d'être heureux ?

6

Le bonheur appartient à ceux qui se lèvent tôt

Depuis déjà bien des années que j'aime me lever à l'aube, avant le brouhaha matinal que la majorité des familles vivent. Été comme hiver, qu'il fasse jour ou nuit, j'aime méditer tôt le matin, lire, écrire ou même travailler sur un projet lorsque tout le monde est couché. C'est un temps juste pour moi, pendant lequel je profite du moment présent. Je fais ce que j'ai envie de faire sans que personne me dérange, me parle ou dise « Mamannnnn »...

Pas que je n'aime pas mon conjoint ou mes enfants, au contraire, mais c'est juste que j'ai besoin de me retrouver seule avec moi-même, un moment tous les jours.

Je viens de lire un livre de Hal Elrod que j'ai beaucoup aimé et qui va exactement dans le sens de ce que je suis en train de vous écrire : *The Miracle Morning,* ou *Tout se joue avant 8 heures*. Je vous le suggère vraiment si vous voulez vous outiller davantage pour être heureux.

En lisant cet ouvrage, j'ai compris pourquoi il est important de se lever tôt et j'ai commencé à utiliser ses pratiques qui ont bien du sens et que je vous résume brièvement. J'ai toujours été d'accord avec le fait que l'avenir appartient à ceux qui se lèvent tôt, et aujourd'hui j'y crois de plus en plus.

Malgré mon réveil matinal, dans le passé, j'étais une personne quand même assez stressée. Je le suis encore un peu, car nous vivons dans un monde qui va tellement vite, mais je pourrais dire que je le suis bien moins qu'avant et bien moins que la majorité des gens en général. Non seulement j'étais stressée, mais je suis le stéréotype de la performante. Pour moi, il fallait toujours que les gens travaillent et soient en action, car moi je l'étais toujours et j'étais convaincue que c'était la seule façon de faire.

La raison pour laquelle j'appréciais me lever tôt à l'époque, c'est surtout parce que j'aimais le silence du matin, la fontaine qui coule derrière moi en été. Mon ordi est juste à côté de la porte-fenêtre, et lorsque celle-ci est ouverte, j'entends les oiseaux et la nature, et cela me fait du bien, m'apaise.

Cependant, durant ce moment de calme pour mon esprit, je continuais à travailler et je me mettais à jour dans mes dossiers. Une vraie petite fourmi qui travaille tout le temps.

Or, depuis que j'ai commencé à lire *Tout se joue avant 8 heures*, je continue évidemment à me lever tôt, mais le parcours est maintenant complètement différent. À 5 h 30 je sors du lit, je me dirige à la salle de bain pour me rafraîchir, je me prépare ensuite de l'eau chaude avec du gingembre, du citron et du miel (jusque-là tout est comme à l'habitude), et je me dirige au salon. Là, je fais 5 minutes de respiration en me répétant : Je t'aime, Je suis désolée, Pardonne-moi STP, Merci. Ensuite, je médite de 5 à 10 minutes en ne pensant à rien pour faire le vide dans ma tête. Puis, je sors un bon livre et je lis de 10 à 15 minutes.

La suite du programme dépend de mon horaire, soit je vais faire de 15 à 30 minutes de marche à l'extérieur ou je m'installe à mon ordi et j'écris (car pour écrire un livre il faut aimer écrire), ou les deux si le temps me le permet. Au total, c'est un moment de 60 à 90 minutes juste pour moi, pour me consacrer à des choses que j'aime et qui me propulsent vers mes objectifs de vie et mes plans.

Tous les gens qui réussissent dans la vie ont des plans et des routines qui les mènent à la réussite. Le succès vient en ayant suivi un parcours rigoureux préétabli vers notre bonheur et souvent semé d'embûches et d'adversité. Se lever tôt pour devenir une meilleure personne est un chemin qui mène au succès. En faisant cela tous les matins, je me donne de l'amour, je m'aime, je concentre mon esprit à devenir meilleure et plus concentrée sur moi, je fais grandir mes connaissances en lisant des livres enrichissants, je travaille mon corps en faisant de l'exercice et aussi je gâte mon esprit en accomplissant des choses que j'aime. Résultat : comme j'ai commencé ma journée en me donnant de l'amour à moi-même, je suis très heureuse d'aider les autres à atteindre leurs propres objectifs de vie.

J'aimerais aller encore plus loin dans cette réflexion. J'ai pris conscience en même temps de quelque chose qui m'a frappée de plein fouet et que je veux partager avec vous, car il en sera peut-être de même pour vous. Vous savez, nous les femmes, nous travaillons sans arrêt, car il y a des centaines de choses à faire dans une maison, avec les enfants, sans compter notre conjoint et notre travail. On aime (en tout cas moi) que tout soit beau, propre et bien rangé, mais malheureusement ce n'est pas toujours ainsi et cela nous crée quelques frustrations. Je ne dois sûrement pas être la seule femme à penser ainsi, et si vous êtes un homme vous connaissez certainement des femmes qui me ressemblent un peu. Or, je reviens à mon livre, *Tout se joue avant 8 heures*, pour que vous ne perdiez pas le lien. Il m'a fait réaliser que les gagnants se lèvent tôt, ça je le savais déjà, mais la différence entre ce qu'ils font et ce que je faisais, c'est qu'ils prennent du temps pour eux au lieu de travailler, et croyez-moi, toute la différence est là ! Ça m'a sauté au visage comme une sauterelle.

Je passais mon temps à travailler, à faire, à faire et encore à faire, et ça encore plus que tout le monde, car je me levais de une à deux heures plus tôt que tout le monde. Donc, lorsque je voyais un membre de ma famille ne rien faire durant la journée, ou lire, ou aller au gym, ou prendre soin de lui ou de sa vie en négligeant le ménage, le travail ou le temps qu'il m'accordait, j'étais toujours frustrée. Oui, frustrée parce que moi je n'avais jamais le temps de faire ça puisque je travaillais tout le temps. Pourquoi eux, qui en plus se levaient plus tard que moi, avaient-ils autant de temps de qualité dans leur vie ? Qu'est-ce que je n'avais pas compris ?

Aujourd'hui, c'est bien différent, car je suis pleinement responsable de mes choix de vie et de mon propre bonheur, et eux le sont du leur. Cela veut dire que le matin, en me donnant de l'amour et en passant du temps pour faire les choses que j'aime, je commence ma journée remplie d'amour pour moi et de gratitude envers la vie, puis, lorsque les autres se lèvent, je suis calme, en paix, de bonne humeur, bien réveillée, et j'ai envie de tout faire pour les rendre heureux à leur tour et pour passer à l'action afin d'atteindre mes objectifs de vie.

Mon temps du matin étant maintenant écoulé, je vais aller vaquer à mes occupations et me préparer à entrer dans la vie active que sera cette belle journée ensoleillée de juillet, et semer de l'amour et du bonheur autour de moi.

7

Le bonheur et la spiritualité

Cette semaine, j'ai eu l'immense privilège de déjeuner avec mon amie Marie-Josée Arel et de m'entretenir avec elle de la spiritualité. En fait, mon objectif était de faire une entrevue avec elle pour qu'elle m'explique comment elle fait le lien entre le bonheur et la spiritualité. Je voulais savoir si les gens spirituels ont plus de chances d'être heureux que ceux qui ne le sont pas. Voici un résumé de sa vision sur le sujet.

Tout d'abord, elle m'explique que nous ne sommes pas qu'un corps et qu'un cerveau. Nous sommes aussi une âme qui restera après notre mort. Pour trouver un réel équilibre dans la vie, il faut mettre de l'importance sur notre âme et pas seulement sur notre corps et notre cerveau. Aujourd'hui, trop de gens s'occupent presque uniquement de leur corps et de leur intellect, ils ne voient que la beauté extérieure d'un humain ainsi que son efficacité. Cependant, nous sommes plus que cela et ne devons pas nous arrêter à ces deux phases, car il va nous manquer quelque chose dans la vie. L'amour ne vient pas du cerveau, il vient de l'âme. Les personnes qui ne développent pas suffisamment leur côté spirituel ont plus de difficulté à transcender, à pardonner et à transformer une épreuve ou une difficulté pour grandir et être heureuses.

La spiritualité est la façon de trouver un équilibre intérieur.

Les gens qui développent davantage leur intellect peuvent avoir, par exemple, une vie agréable et structurée avec des biens matériels, une belle maison, mais ils risquent d'avoir beaucoup plus de difficulté à panser certaines blessures, peuvent pardonner difficilement et ne pouvoir lâcher prise sur les événements plus difficiles dans leur vie. Ils seront plus rigides et ne se sentiront pas libres intérieurement, car ils seront prisonniers des apparences, des événements et des jugements que les autres portent sur eux.

Pour Marie-Josée Arel, la spiritualité est la façon de trouver la vraie liberté intérieure, c'est-à-dire de toucher à la zone où tout est possible. Là où réside notre âme, il n'y a aucune limite, le potentiel n'est pas mesurable et c'est aussi le lieu de la présence divine, le lieu où on a la possibilité de regarder les choses avec amour. C'est ici que la raison nous dit que cette personne a été très méchante avec nous et qu'on a toutes les raisons de la haïr, mais notre âme, elle, peut nous dire : « OK, il y a peut-être des causes pour que cette personne agisse ainsi. » On peut alors accepter de voir cette personne sous un autre angle, car elle est sûrement très blessée et incapable de faire autrement. On va alors accepter de lui donner une chance et de pardonner. Notre cerveau, lui, ne peut pas pardonner, c'est notre cœur et notre âme qui le peuvent.

Le côté spirituel de l'humain se voit par la capacité de transcender les événements, c'est-à-dire voir au-delà des apparences et dépasser des limites en changeant notre regard et notre perception en une perception pleine d'amour.

Pour Marie-Josée Arel, le bonheur ultime vient avec une forme de spiritualité. Pour voir si une personne est spirituelle, on observe sa rigidité. La spiritualité se mesure par la capacité de s'ouvrir au monde et aux autres, d'accueillir tout ce que la vie nous offre et d'être capable de prendre le bon et de continuer son chemin. Les gens spirituels ont une ouverture du cœur.

Pour voir à quel point une personne est bien avec elle-même, on la regarde interagir avec les autres. Si elle est toujours à couteau tiré avec eux, c'est qu'elle n'est pas bien dans son cœur.

Le vrai amour, c'est d'être capable de me dire que je ne suis pas plus important que les autres. Je dois laisser la place aux autres.

Lorsqu'il y a des douleurs ou des peines non réglées avec notre père, notre mère ou toute autre personne autour de nous, c'est impossible d'être pleinement heureux. On ne peut pas être profondément heureux et nourrir de la rancune envers quelqu'un.

Pour Marie-Josée, le bonheur a longtemps été une quête, mais maintenant ce n'en est plus une. « Le bonheur aujourd'hui est une décision que je prends tous les matins en me réveillant, c'est un choix quotidien. »

Avoir de la spiritualité amène de l'espoir dans la vie. Ce n'est évidemment pas facile pour les gens déprimés, malades ou qui vivent des situations difficiles. Par contre, s'ils ont la spiritualité dans leur cœur, ils pourront avoir la foi et voir la lumière au bout du tunnel. Une personne non spirituelle a beaucoup plus de difficulté à vivre de l'espoir : elle reste dans ses peines et ses misères plus longtemps et n'est pas heureuse.

La capacité de transcender peut nous faire réaliser des choses inouïes, car il n'y a aucune limite à notre potentiel. Einstein était un homme extrêmement spirituel, et cela l'a amené à élaborer des projets extraordinaires et à mener des réflexions hors du commun.

En résumé, le fait d'être une personne spirituelle nous permet d'aimer inconditionnellement, de voir au-delà des apparences, d'être capables de transcender et d'avoir la foi même dans la tempête, car nous savons que les choses vont changer et que le calme va s'installer. Cet état d'âme et le fait de vivre selon notre cœur nous aide grandement à être profondément heureux avec nous-mêmes et avec les autres, de vivre de plus belles relations, de rester positifs en toute circonstance, d'aimer, de pardonner et de croire qu'il y a quelque chose de bien qui se présentera malgré la tempête. Tout cela facilite le bonheur et fait en sorte que la spiritualité rend les gens plus heureux, tant avec les autres qu'avec eux-mêmes, et ce, sans artifice et sans rigidité.

Merci, Marie-Josée, pour ton temps passé avec moi et pour toutes ces belles réflexions que cette entrevue avec toi m'a permis d'approfondir.

8

Le bonheur rime avec Life Savers

Depuis que je suis toute petite que j'adore les bonbons. C'est mon petit côté *sweet*. Demander de l'argent à mes parents pour aller au dépanneur était pour moi une activité que j'adorais plus que tout. Je prenais tout mon temps pour choisir minutieusement les bonbons qui allaient me remplir de bonheur le plus longtemps possible avec l'argent que j'avais. Miam, Miam, les bananes en bonbons, les framboises, les lunes de miel, les cigarettes Popeye, les boules de lait malté. Une vraie fan finie des sucreries ! Chez ma grand-mère, on mangeait des *peppermints* blanches ou roses, vous vous en souvenez sûrement. Je parie que votre grand-mère avait elle aussi des petites douceurs à vous offrir lorsque vous veniez la visiter. En fait, encore aujourd'hui, je suis très attirée par les sucreries. Tout près de mon travail, il y a un magasin de bonbons en vrac : ce sont maintenant les oursons en jujube et autres bonbons mous qui m'attirent. On pourrait associer bonheur et bonbons en ce qui me concerne, sans oublier le chocolat.

Cependant, c'est des Life Savers que je veux vous parler. Vous savez, ces bonbons tout en couleurs avec des goûts différents à chaque couleur. Vous en raffoliez sûrement aussi lorsque vous étiez petit. Aujourd'hui, ils sont moins populaires, je me demande même si on en trouve encore sur le marché.

Hal Elrod, dans son livre *Tout se joue avant 8 heures*, nous parle des Life Savers, et j'ai beaucoup aimé cet acronyme. Je vous parlais de l'importance de se lever de bonne heure afin d'être de bonne humeur. Dans sa routine du matin, il nous explique l'importance des Life Savers, qui doivent prendre toute leur place durant la première heure de notre réveil. Je vais vous les expliquer rapidement pour vous donner envie d'aller acheter le livre, car, à mon avis, il vaut vraiment la peine d'être lu. De plus en plus, au cours de ma vie, je tombe sur de petits bijoux comme celui-ci, ce qui arrive juste à point, car il m'inspire beaucoup pour l'écriture de mon propre ouvrage.

Revenons aux Life Savers, qui veut dire, en français, des sauveurs de vie, et vous verrez que c'est très intéressant.

- *S pour Silence.* Le silence est nourrissant pour notre santé d'esprit. Se lever en vitesse et commencer à courir, à stresser et à crier après les enfants pour qu'ils se dépêchent est une bien mauvaise façon de commencer votre journée. Se lever doucement et dans la gratitude, et passer une heure dans le calme et le silence du matin : voilà ce qui est si nourrissant pour votre journée. Vous serez en paix avec vous-même et vous pourrez ainsi transmettre cette paix autour de vous. Appréciez le silence du matin à son maximum et dites merci pour ces moments de solitude et de tranquillité dont nous avons tellement besoin aujourd'hui, dans cette vie qui va si vite.

- *A pour Affirmation.* Vous avez sûrement entendu parler de l'influence des affirmations pour changer des choses dans notre vie. Tout ce que l'on se répète de façon quotidienne dans nos pensées finit, un jour ou l'autre, par arriver. Eh oui, c'est une réalité absolue, que vous y croyiez ou pas, c'est tout de même ainsi que cela se passe. Alors, cessez de vous répéter que vous n'êtes pas du matin, que vous ne pourrez jamais réussir ceci ou cela, que vous êtes grosse, etc., et commencez dès maintenant à affirmer par écrit ce que vous voulez être et devenir dans la vie. Décidez aujourd'hui de votre plan de vie, de la personne que vous voulez devenir, des aptitudes que vous voulez acquérir, écrivez-les sur un papier et répétez-les tous les matins à voix haute ou basse jusqu'à ce que cette affirmation devienne une nouvelle façon de penser qui sera dorénavant ancrée en vous et naturelle. Vous serez surpris des résultats.

- *V pour Visualisation.* Encore une fois, la visualisation est une façon d'obtenir la vie que vous voulez le plus rapidement et précisément possible. Cette technique est devenue populaire après la sortie du livre *Le secret*, en 2006. Ce dernier a fait prendre conscience des bienfaits de la visualisation, et celle-ci est alors devenue populaire.

  Notre cerveau fonctionne avec des images, et il met en route celles qu'il voit le plus souvent. Dressez un tableau de visualisation et regardez-le tous les jours au moins une minute en fixant les images dans votre tête et en ressentant les émotions que vous allez vivre lorsque vous serez dans le moment présent de cette image dont vous rêvez. Tous les grands sportifs utilisent cette technique pour réussir et gagner. Ils se voient sur la ligne d'arrivée, ils se voient en train de vaincre la peur qui les empêche de performer encore plus, ils se voient sur le podium, recevant leur médaille d'or. Déterminez ce que vous désirez vraiment, visualisez-le et mettez-y des émotions. Une minute de cet exercice chaque matin, et vous serez de plus en plus près de vos buts.

- *E pour Exercice.* On le sait, on le dit, on nous le répète, l'exercice est indispensable à notre bonheur. Il active nos cellules et crée de l'endomorphine dans notre corps. Il fait augmenter notre fréquence cardiaque pour faire circuler le sang et remplir nos poumons d'oxygène. Les bienfaits sont bien trop nombreux pour s'en passer. Pas besoin d'aller au gym durant une heure, dix à quinze minutes tous les jours suffisent pour en tirer profit : une marche matinale, quelques exercices de musculation dans votre salon, un peu de yoga (qui est un exercice très puissant) ou de la course à pied. Soyez créatif, mais soyez absolument dans l'action tous les jours.

- *R pour Reading.* La lecture nous enrichit et nous fait grandir. On apprend par elle et l'être humain se doit d'être en mode apprentissage durant toute sa vie. La vie est trop courte pour qu'on passe à côté de certaines choses importantes. Nous devons devenir la meilleure version de nous-mêmes, et pour ce, la lecture est un outil magnifique. Tous ceux qui réussissent lisent tous les jours.

  Savez-vous qu'en lisant 10 minutes par jour vous lirez environ 300 pages par mois, donc 12 livres par année ? Dans chacun d'eux, vous apprendrez des trucs de gens qui ont eux-mêmes réussi.

  Soyez des éternels étudiants et développez le goût de la lecture quotidienne. Vous verrez qu'elle deviendra rapidement une saine habitude et vous en redemanderez.

  J'ai la chance d'aimer lire depuis mon jeune âge. À 10 ans, je dévorais les briques de *La petite maison dans la prairie* et ma mère devait venir me voir à plusieurs reprises dans ma chambre pour que j'éteigne la lumière. Je lisais même en cachette sous mes couvertures pour qu'elle ne s'aperçoive pas que je ne dormais pas. Aujourd'hui, je suis devenue une éternelle étudiante et je dis toujours à mes enfants que le livre est notre meilleur ami. Il nous attend toujours, et on ne s'ennuie jamais en sa compagnie.

- *S pour Scribing*. L'écriture fait partie de moi depuis que je suis toute petite. Cette partie des Life Savers est la plus facile pour moi, quoique la lecture le soit aussi. Encore adepte de l'écriture aujourd'hui, j'écris tous les jours ou presque, et ce, depuis toujours. D'ailleurs, c'est en grande partie en lisant *Tout se joue avant 8 heures* que j'ai écrit ce livre. L'auteur nous suggère de tenir un journal quotidien. Mettre des mots sur du papier ou sur un ordi est une bonne thérapie. J'ai tenu un journal toute ma jeunesse. Aujourd'hui j'écris des livres, j'écris mes pensées et j'écris des plans et des idées, mais je ne tiens plus de journal. Cependant, l'auteur m'a donné envie de reprendre cette belle habitude. Effectivement, l'écriture me nourrit. Alors, courez vous acheter un journal et prenez l'habitude d'y inscrire vos activités, réflexions, bons moments de votre journée. Vous serez surpris des résultats.

Exprimer nos idées par écrit, nos plans, les grands points de notre journée, nos émotions, et nous relire par la suite nous rend conscients de notre évolution.

9

Aimez-vous les uns les autres

Chronique parue sur la page Facebook de Live Happy: L'Info Bonheur, le 14 décembre 2015.

L'un des commandements de Dieu est de s'aimer les uns les autres. J'ai déjà partagé avec vous des trucs pour apprendre à s'aimer soi-même et à se donner de l'amour. Aujourd'hui, je veux discuter avec vous de l'importance d'aimer les autres comme soi-même.

Il paraît si simple d'aimer, et c'est ce que nous désirons tous le plus au monde. Aimer lorsque tout va bien, c'est merveilleux; mais continuer d'aimer malgré les obstacles, les doutes, les peurs, les différences, les peines, voilà un défi de taille.

Vous arrive-t-il de faire des choses dont vous n'êtes pas très fier? Vous arrive-t-il de vous juger? Si oui, continuez-vous de vous aimer et de vous pardonner vos propres erreurs? Probablement que oui, dans la majorité des cas. Alors, agissons ainsi avec les gens autour de nous. Pardonnons et continuons d'être dans l'amour et de construire dans le positif.

Je cherche depuis longtemps la vraie définition d'aimer. Tous les êtres vivants veulent être aimés. À la fin de notre vie, les meilleurs souvenirs que nous aurons seront des souvenirs d'amour et de bien-être.

Aimer véritablement signifie dire au revoir à notre ego et privilégier l'harmonie plutôt que de toujours chercher à avoir raison. Cesser de porter des jugements et apprécier ce qui est. Rappelons-nous que l'amour que nous recevrons sera directement proportionnel à celui que nous donnerons sans compter ni juger. Quand on aime, il n'y a pas de place pour le jugement.

S'aimer les uns les autres est un apprentissage au quotidien. Rappelons-nous que la vie que nous vivons est le résultat des choix que nous faisons.

Je vous souhaite plein d'amour à donner et à recevoir, et nous aimer les uns les autres est sans aucun doute une des recettes du bonheur.

10

Le bonheur et la gratitude

La gratitude est à la source du bonheur, et cela est une évidence pour moi. Aujourd'hui, le mot «gratitude» est de plus en plus à la mode, ce qui est une très bonne chose. Depuis la nuit des temps que les gens recherchent le bonheur dans leur vie et que les philosophes épluchent le sujet. Qui suis-je pour vous parler de bonheur?, me direz-vous. Je suis une femme qui adore écrire et qui se penche sur le sujet depuis qu'elle est toute petite. C'est pour cela que je veux partager avec les gens mon point de vue et en même temps vous procurer des moments de bonheur grâce à mon livre, car la lecture est pour moi une très grande source de bonheur. Mais revenons à la gratitude et voyons ensemble quel est le lien avec le bonheur.

Le bonheur se passe au moment présent, et pour être heureux, là, maintenant, il faut pouvoir apprécier ce que l'on vit, donc avoir de la gratitude pour ce moment qui passe dans notre vie. S'il est impossible de l'apprécier, il est impossible d'être heureux. Comment puis-je être heureuse si je suis en colère après quelqu'un, si je suis mécontente de telle ou telle chose dans ma vie? Être heureux signifie se sentir bien à l'intérieur de soi. Être en paix avec soi et avec la vie.

Lorsque l'on prend le temps de manifester sa gratitude pour ce que l'on a, on se rend compte que l'on est chanceux de posséder tous ces petits bonheurs.

- Merci pour mon amoureux qui est toujours là pour moi.
- Merci pour mes enfants que j'adore.
- Merci pour mon travail qui me permet de subvenir aux besoins de ma famille.
- Merci pour la nourriture sur la table.
- Merci pour ma voiture qui m'emmène là où je veux aller.
- Merci, merci et merci encore.

Prendre le temps de dire merci nous fait réaliser la chance que l'on a, et la beauté dans cette histoire, c'est que plus on est dans la gratitude et plus la vie nous envoie ce dont on a besoin pour être heureux. Elle met tout ça sur notre chemin, à la croisée des chemins.

Votre gratitude doit se retrouver partout dans votre vie, même dans les événements moins agréables. Merci de me faire vivre cet obstacle aujourd'hui, car il me rend conscient de bien des choses et me permet de transcender et de grandir.

La gratitude doit également se retrouver dans nos prières. On a tendance à demander à plus grand que soi les choses que l'on aimerait voir arriver dans notre vie. Demandez en remerciant, comme si cette demande était déjà acceptée, et vivez-la pleinement. Savourez votre désir en remerciant de l'avoir obtenu : vous verrez les choses arriver bien plus vite que vous ne le croyiez.

Le défi est de toujours garder un esprit de gratitude dans notre vie pour toutes choses, toutes personnes et toutes situations. Dire merci devrait devenir aussi naturel que respirer.

Prenons donc l'habitude de dire merci en vivant pleinement la gratitude au quotidien, et alors des miracles se produiront dans nos vies.

Pensez à vos enfants un instant. Préférez-vous donner à un enfant qui apprécie et qui dit merci, ou au contraire à un enfant qui demande toujours et n'apprécie jamais rien ? Il est vraiment facile de répondre à cette question, n'est-ce pas ? Eh bien, il en est de même pour l'Univers. Plus vous avez de la gratitude pour ce que la vie vous offre, et plus la vie vous offrira tout ce dont vous avez besoin pour vivre votre bonheur. Vous recevrez d'elle en très grande quantité si vous êtes dans un état de gratitude pour ce que vous avez. Demandez et vous recevrez, mais demandez en remerciant à l'avance : voilà la clé pour obtenir tout ce que l'on désire.

11

Des exercices quotidiens pour être heureux

Afin de vivre heureuse tous les jours, j'ai pris l'habitude d'accomplir de petites actions payantes qui me mettent dans un état d'amour avec moi-même et avec les autres, et par le fait même dans un état de bonheur.

Voici donc une recette simple et efficace pour vous sentir bien et reconnaissant de la vie tous les jours.

1. Écrire trois gratitudes dans mon livre du bonheur.
Prenez l'habitude tous les jours d'écrire de une à trois gratitudes de la journée. Quelques exemples : merci pour le beau soleil aujourd'hui ; merci pour ce souper en famille hier soir avec mes enfants ; merci pour toute cette nourriture dans mon frigo.

Vous pouvez créer un petit carnet de gratitudes ou encore les écrire dans votre agenda. D'ailleurs, l'agenda « Attitude Orange » (celui que j'utilise même si je suis très techno) est une petite mine d'or pour vous structurer tous les jours vers des actions de bonheur et de réussite.

2. Trouver le plus grand moment de bonheur que j'ai vécu dans les dernières 24 heures.

Cet exercice peut devenir un petit jeu à faire en famille tous les soirs au souper. Il s'agit de passer en revue la journée ou les dernières 24 heures et de retrouver le plus beau moment, celui qui vous a fait vivre le plus de bonheur. Ce n'est pas nécessairement un moment exceptionnel, car les petites choses procurent souvent les plus grands bonheurs. Vous prendrez donc conscience de tous les bons moments que vous vivrez et vous apprendrez à les apprécier de plus en plus chaque jour. En faisant cette activité en famille, on apprend également à mieux connaître les autres et ainsi à pouvoir leur offrir plus de bonheur au quotidien, sachant ce qui les fait le plus vibrer.

3. Écrire un message à quelqu'un pour le remercier.

J'aime beaucoup cet exercice simple et si gratifiant. Chaque jour de votre vie, quelqu'un vous a rendu service, vous a fait un sourire, vous a invité quelque part, vous a offert quelque chose. Réservez quelques minutes quotidiennement pour prendre conscience de ce petit moment que l'on vous a accordé pour vous faire vivre du bonheur, et remerciez la personne en question. Ce sera vraiment un moment de bonheur lorsqu'elle recevra ce merci, et c'en sera également un pour vous, car vous prendrez de plus en plus conscience de toutes les petites joies que vous vivez au quotidien.

4. Pratiquer deux minutes de méditation.

Vous n'avez pas idée de la puissance de la méditation pour vous reconnecter à vous-même. J'ai connu la méditation il y a environ quatre ans, dans une formation que j'ai suivie avec François Lemay. Il en était à ses débuts comme nouvel homme de conscience et, très honnêtement, je trouvais cela un peu bizarre.

Depuis, j'ai beaucoup cheminé, et maintenant, tous les matins, je médite au moins dix minutes.

Si vous n'avez jamais médité, je vous suggère de suivre la formation de François Lemay, Reconnexion. C'est un outil simple et efficace pour vous imprégner de la méditation. Ensuite, vous pourrez en faire seul tous les jours. Deux minutes suffisent. La méditation nous permet de faire le vide dans notre tête et de nous connecter à soi-même, en plus d'affiner notre esprit afin qu'il arrête de gambader dans tous les sens à tout moment. Il nous permet d'être plus concentrés et de devenir de plus en plus conscients de notre être. Essayez-le : deux minutes de méditation par jour, et vous verrez le pouvoir de cette activité dans votre vie.

5. Faire une promenade de 15 minutes.

Le dernier exercice, mais non le moindre, consiste à bouger. J'ai parlé précédemment de l'importance de faire de l'exercice, mais c'est nécessaire d'en prendre conscience et de l'ancrer dans notre tête une fois pour toutes. Quinze minutes d'exercices tous les jours feront une très grande différence à long terme dans votre vie et également dans bien des projets. L'activité physique aura une influence positive sur votre santé, votre poids, votre concentration, votre énergie, votre sommeil, votre réussite, votre mental. Les bienfaits sont bien trop grands et les enjeux aussi pour que l'on s'en prive. Vous pouvez méditer en marchant, faire des appels, écouter de la musique ou regarder des vidéos de croissance personnelle diffusées par vos conférenciers préférés. Les miens sont : François Lemay, David Larouche et David Lefrançois. Parfois j'en écoute d'autres, mais ce sont ceux que je suis le plus régulièrement. Alors, allez marcher et sortez dehors au moins quinze minutes tous les jours.

12

Le nettoyage de printemps

Chronique parue sur la page Facebook de Live Happy : L'Info Bonheur, le 28 février 2016.

En ce dernier dimanche matin de février, devant la neige qui tombe doucement, j'avais envie de partager avec vous un article sur les bienfaits du ménage.

Eh bien oui, à l'approche du printemps, le ménage est souvent d'actualité. Faire de l'ordre dans nos armoires est bien plus puissant que vous ne le pensez ! Mais en même temps, faisons de l'ordre un peu partout dans notre vie pour attirer l'abondance et devenir une personne aux énergies puissantes et attractives. N'est-ce pas ce que l'on veut dans la vie ?

Je vais vous raconter une petite anecdote. Il y a trois ans, j'étais une femme célibataire et je recherchais l'homme de ma vie. J'avais écrit sur un papier toutes les caractéristiques de celui que je voulais attirer. Tout d'abord, j'avais libéré mon esprit de tous les autres hommes qui avaient passé dans ma vie, mais aussi j'avais vidé une garde-robe entière et deux tiroirs de ma commode pour faire de la place à celui qui viendrait partager ma vie. Vous savez quoi ? À peine quelques semaines plus tard, j'ai rencontré mon conjoint actuel, et c'est la plus belle complicité d'amour que j'ai vécue depuis toujours.

Mon objectif est de vous montrer la puissance de la libération à tous les points de vue. Il y a quelques mois, j'ai lu le livre d'Anick Lapratte, *À quelle fréquence vibrez-vous?* J'ai adoré. Elle fait justement référence à l'importance de faire du ménage dans sa vie. Elle explique les vibrations et l'énergie dans notre maison, à notre travail, dans nos relations, dans nos pensées, dans nos émotions, etc., bref, dans tous les domaines de notre vie.

Pour attirer ce que l'on désire, il faut commencer par lui faire de la place. Sachez vous débarrasser de vos vieilles chaussettes pour laisser entrer les nouvelles. Nous sommes dans une société de consommation et nous accumulons bien trop de choses et d'objets inutiles. Faites de l'ordre dans vos armoires, dans vos tiroirs, dans votre bureau, dans vos idées, dans votre tête, chassez les vieilles pensées, les vieilles croyances que l'on vous a inculquées, libérez vos émotions négatives, ayez de la gratitude pour ce que vous avez et dites merci à tout ce que vous libérez. De cette façon, vous pourrez faire de la place pour du nouveau dans votre vie.

Vous voulez un homme ou une femme dans votre vie? Faites-lui de la place. Vous voulez plus d'argent? Apprenez à donner pour recevoir. Donnez à d'autres ce qui ne vous sert plus pour attirer des nouvelles choses et de nouvelles expériences. Faites du vide dans votre esprit pour attirer l'abondance. Chassez le négatif pour faire place au positif.

Vous voulez des relations positives et enrichissantes? Lâchez prise sur vos relations toxiques. Vous voulez grandir? Entourez-vous de gens qui ont une influence positive dans votre vie.

Une maison sens dessus dessous, pleine d'objets et de traîneries, ne vibre pas beaucoup en énergie et vous empêche d'attirer ce que vous désirez dans la vie. Prenez le temps de faire le ménage de printemps dans votre maison, dans votre bureau, dans vos idées, libérez vos peines et pardonnez, libérez aussi vos blessures et pardonnez-vous. Augmentez vos énergies dans toutes les sphères de votre vie et donnez au suivant ce que vous n'utilisez plus. Sachez vous défaire du matériel pour faire de la place à plus grand et vous réaliser pleinement.

Je vous souhaite de prochains mois époustouflants, remplis d'énergie positive pour attirer tout ce que vous désirez.

Devenez ce que vous souhaitez être grâce au potentiel de l'énergie qui vous entoure.

13

Une journée de grand bonheur

Quelle serait pour vous une journée de grand bonheur, tellement belle et comme il s'en fait peu ?

Eh bien, je vais vous décrire celle que j'ai vécue cet été. Pour moi, ma plus grande fierté et ma plus grande réussite sont mes enfants. J'ai raté bien des choses dans ma vie, mais je considère que j'ai transmis d'excellentes valeurs à mes enfants, et je les aime plus que tout au monde.

Les enfants grandissent, et mes deux plus vieux ont maintenant 19 et 21 ans. Ils vont encore à l'école, ils travaillent, ils ont une amoureuse et leur propre vie, et ce n'est pas toujours simple de trouver un moment pour être tous ensemble.

Hier, c'était la fête du Travail, et nous nous sommes organisés pour passer toute la journée ensemble, mes trois enfants (le plus jeune a 10 ans) et moi. Journée inoubliable.

Nous nous sommes levés à 5 h 30 pour préparer notre lunch pour la journée et avons quitté la maison à 8 h en direction du parc de la Mauricie. Arrivée à 10 h 15, et c'est là qu'a commencé notre magnifique excursion familiale.

Tout d'abord, nous avons loué des canots et sommes partis pour une belle balade d'une heure, les garçons dans une embarcation et ma fille et moi dans l'autre. Nous avons eu beaucoup de plaisir, le paysage était magnifique et les garçons qui ramaient étaient trop mignons. J'étais tellement heureuse de connaître cette expérience, je vivais mon moment présent intensément.

Nous avons fait un pique-nique dans la forêt, puis une randonnée d'une heure en montagne pour nous rendre aux chutes Waber. Arrivés en haut, c'était de toute beauté. Je ne pensais même pas que nous avions ce genre de spectacle au Québec. Presque les mêmes chutes que j'ai vues l'an dernier en Jamaïque. Wow ! Nous nous sommes baignés et avons profité de ces beaux moments. Puis, nous sommes redescendus vers le lac. Quarante-cinq minutes de marche et une autre heure de canot à la tombée du jour. C'était vraiment spectaculaire. Nous avons tellement ri que j'en avais mal aux mâchoires.

Pour terminer cette journée en beauté, un petit souper en famille au restaurant au bord de la rivière Saint-Maurice à Shawinigan. Quelle belle journée nous avons passée !

Le bonheur de passer du temps avec ceux que l'on aime, ceux qui sont le plus précieux à nos yeux. Ce bonheur-là n'a pas de prix. Il est immensément grand et tellement gratifiant.

Quelle est votre journée de grand bonheur comme celle que je viens de vivre avec mes enfants ? Prenez-vous le temps de vous offrir de tels moments et de les vivre avec autant d'amour et de gratitude ?

Savourez tous les bons moments qui passent : ils vous donneront de l'énergie pour continuer et pour passer à travers des épisodes moins drôles qui surgissent de temps en temps.

Votre vie vous appartient, et il ne tient qu'à vous de vous en occuper et de vous créer du bonheur. C'est gratuit d'être heureux. Soyez créatif et partez à la découverte de la vie heureuse à travers des activités qui nourrissent le cœur de tous ceux qui la partagent avec vous.

Je suis tellement reconnaissante pour cette magnifique journée passée avec mes enfants. Il n'y en aura pas des tonnes comme celle-là à l'avenir, car mes enfants ont maintenant leurs propres vies. Merci à vous, mes enfants, de m'avoir donné votre journée tout entière. Je vous aime tellement. Vous êtes des enfants d'amour et je suis tellement fière et heureuse d'être votre maman.

Merci, la vie. Je vous aime les enfants.

C'était une journée de grand bonheur.

14

Le bonheur et l'adversité

Si l'adversité était indirectement proportionnelle au bonheur, je vous jure que je serais une personne très malheureuse, et pourtant, quoi qu'il m'arrive, je garde le cap et je reste heureuse.

J'ai eu des dizaines de compagnies de marketing relationnel, je crois beaucoup à ce genre d'entreprise et pourtant, à ce jour, je n'ai encore jamais atteint les sommets auxquels j'ai toujours voulu accéder. Il est arrivé toutes sortes de circonstances qui m'ont obligée à changer de compagnie, car je ne réussissais pas comme je l'aurais voulu.

Aussi, je suis la petite fille qui rêvait d'une famille, un papa, une maman et des enfants heureux, et malgré toute ma bonne volonté et tous mes efforts, j'ai eu cinq relations sérieuses dans ma vie, lesquelles se sont toutes soldées par des échecs.

Je pourrais très bien en conclure que je ne suis pas faite pour le bonheur ; en ce moment, au lieu d'écrire un livre sur le sujet, je pourrais être assise à pleurer ma vie et à me dire que je ne suis bonne à rien, que je ne réussirai jamais à avoir ma propre entreprise et que je suis bien mieux de rester seule, car les hommes sont tous des ci ou des ça et qu'ils ne voient même pas mon potentiel.

Eh bien non, ce n'est pas comme ça que je pense. Tout d'abord, je suis la seule et unique responsable de tout ce que je crée dans ma vie. Ensuite, malgré tous mes échecs, je continue de croire en mes rêves de posséder une entreprise performante et de vivre en couple avec l'homme qui est parfait pour moi. Je le sais pertinemment au fond de moi et j'y crois. Ce n'est qu'une question de *timing*.

Ce qu'il faut surtout retenir de ces expériences, car ce sont uniquement des expériences, c'est qu'elles me permettent de me raffiner tout au long de mon parcours, d'être de plus en plus efficace et de devenir également une compagne de vie qui sera vraiment agréable et bienveillante pour l'homme qui partagera ma vie.

Tout au long de ces expériences, j'ai toujours pris du recul pour me demander comment je pourrais faire mieux et ce que j'ai fait de mal pour en arriver là. Puis, chaque fois, j'ai transformé des choses et j'ai travaillé sur moi pour m'améliorer et devenir meilleure. Aussi, il est très important de garder le cap, de croire en nos rêves et d'avoir la vision de ce que l'on veut accomplir dans la vie. Prendre la vie du bon côté, continuer son chemin même dans l'adversité, l'échec, la peur, la difficulté, le manque de confiance en soi et en son projet : voilà la bonne attitude à adopter.

J'ai écouté récemment une émission française sur le bonheur : on faisait faire un parcours sur plusieurs semaines aux gens pour les amener vers un niveau de bonheur plus grand. D'après eux, le défi de la vie est de rester heureux quoi qu'il arrive, car le bonheur a trois sources : 50 % est en nous à notre naissance ; 10 % est lié aux circonstances ; 40 % dépend de nous.

En d'autres mots, on part tous égaux pour être heureux à 50 %, ce qui n'est pas un super score. Le taux de bonheur moyen en France est de 65 %. Pour être et se sentir vraiment heureux, il faudrait se retrouver autour des 80 % et plus.

Si l'on considère qu'on part tous avec un capital bonheur de 50 %, s'il nous arrive un pépin majeur et que nous sommes incapables d'aller chercher à l'intérieur de nous le 40 % dont nous sommes responsables, cela ne fera pas des super scores de bonheur.

C'est pourquoi nous devons absolument travailler sur notre capacité à transformer toutes circonstances en points positifs et garder une belle attitude face à la vie si nous voulons être heureux.

Rester positif; évaluer la situation; se demander ce qu'on pourrait transformer pour faire mieux la prochaine fois; avoir une attitude de gagnant et accepter le changement et l'adversité dans toutes les situations que la vie met sur notre chemin. On s'ajuste et on repart dans la bonne direction avec de nouveaux outils et un plan revu et corrigé pour atteindre nos buts.

Souvent, ceux qui se contentent d'une situation sans faire d'ajustements et sans se remettre en question vivent des bonheurs ordinaires. Par contre, ceux qui passent à l'action pour entreprendre des changements finissent très souvent par vivre des bonheurs extraordinaires et connaître de belles réussites.

La majorité des gens vont abandonner leur rêve après trois échecs. Certains vont persévérer jusqu'à essuyer sept échecs ou refus malgré leur vision et leur but, mais souvent le bonheur est encore plus loin et il faut continuer à persévérer. Il y a tellement de belles histoires de réussite grâce à la persévérance. Quelques exemples: le Colonel Sanders, qui a approché des centaines de restaurants avant qu'il y en ait un qui accepte d'essayer sa recette; Thomas Edison, qui a inventé l'ampoule électrique après des milliers d'erreurs; l'inventeur du coussin gonflable pour les voitures qui a reçu un oui pour son projet après plus de 20 ans de sollicitation, car personne n'y croyait; et Walt Disney, qui est allé voir 107 banquiers avant que le dernier lui octroie un prêt pour son projet.

Imaginez si tous ces gens n'avaient pas persévéré dans leur rêve. Rien de tout cela n'existerait aujourd'hui. Ils ont cru en leur projet et sont allés jusqu'au bout malgré l'adversité, et ils ont finalement réalisé des choses exceptionnelles.

Faites-vous confiance et allez jusqu'au bout. Acceptez l'adversité comme une étape normale à franchir pour accomplir quelque chose de grand et vivre pleinement heureux, et je vous jure que vous serez vraiment fier de vous et vous vivrez un grand bonheur grâce à votre réussite.

Si une idée ou une intuition vous vient à l'esprit, écoutez-la et suivez-la jusqu'au bout. Acceptez ce qui est et continuez votre chemin vers le bonheur en gardant une belle attitude quoi qu'il arrive. Souvent, plus le chemin est long et plus le bonheur sera grand.

15

Le bonheur et la méthode Ho'oponopono

Ho'oponopono est issue d'une très ancienne tradition hawaïenne qui s'est transmise oralement de génération en génération. Cet art de vivre se pratiquait pour aider à rétablir la paix non seulement en soi, mais également au sein d'une communauté ou d'une famille quand survenaient des problèmes relationnels ou des enjeux importants. Il permettait d'apporter l'apaisement et la réconciliation en rétablissant l'équilibre par la méditation et le pardon mutuel.

Morrnah Nalamaku Simeona, à partir des années 1976, transforma cet Ho'oponopono traditionnel afin de l'adapter au monde moderne et au monde occidental. Selon elle, Ho'oponopono pouvait dorénavant se pratiquer seul sans la présence des protagonistes du problème ni celle d'un guide, et elle mit en place un enseignement nouveau dans lequel elle énonça quelques principes de base.

- La réalité physique est une création de nos pensées.
- Une pensée juste et harmonieuse créera une réalité juste, harmonieuse et de paix.
- Nous prenons la responsabilité entière de ce que nous percevons à l'extérieur de nous.

Sa phrase clé est : La paix commence avec moi.

Donc, j'ai choisi de vous parler de la méthode Ho'oponopono, qui est de plus en plus connue et appliquée, et qui fonctionne. Peut-être ne la connaissez-vous pas encore ; je vous transmets donc cette recette du bonheur absolu.

Si vous me suivez depuis le début, il n'y a rien qui procure plus de bonheur que de se sentir heureux et bien avec soi-même. À essayer de toujours rendre les autres heureux afin de le devenir soi-même, on finit par se brûler et par devenir profondément malheureux. Le bonheur est à l'intérieur de soi.

Plus vous serez bien et en paix avec vous-même, plus vous serez heureux.

Le bonheur, c'est aussi simple que cela ! Il faut seulement savoir l'appliquer, et ça devient ensuite une nouvelle façon de vivre et d'être heureux.

Nos blessures nous suivent tout au long de notre vie et animent nos émotions et nos croyances. Chaque moment, ou chaque jour, nous vivons des émotions positives ou négatives qui reflètent en nous soit de la joie et du bonheur, soit de la peur ou des émotions négatives.

De 1984 à 1987, le Dr Len a guéri plusieurs malades atteints de problèmes de santé mentale sans jamais les rencontrer. Tout ce qu'il a fait est de réciter cette méthode durant des années devant chacun des dossiers : « Je t'aime, Je suis désolé, Pardonne-moi STP, Merci. » Ces paroles sont d'une puissance insoupçonnable et font des miracles dans nos vies.

Puis, dans les années 1990, Joe Vitale a écrit un article sur cette méthode et l'a rendue populaire partout dans le monde.

En fait, il suffit d'être à l'écoute de nos émotions et douleurs intérieures ; chaque fois que ça brasse un peu en dedans et que l'on ne se sent pas bien émotionnellement, on se retire du dossier émetteur d'émotions et on récite intérieurement : « Je t'aime, Je suis désolé, Pardonne-moi STP, Merci. »

Ces paroles simples, et insignifiantes à première vue, sont d'une puissance inébranlable pour nos émotions et nos blessures intérieures.

Il faudrait un cours beaucoup plus élaboré sur le sujet pour mieux comprendre le sens et la source de cette méthode, mais ce que vous devez retenir aujourd'hui, c'est qu'elle fonctionne si on prend la peine de l'appliquer. Il suffit d'aller se procurer un livre traitant uniquement de Ho'oponopono afin de pouvoir l'appliquer adéquatement lorsqu'une situation émotionnellement intense se produit dans notre vie.

Vous comprendrez alors la puissance de l'amour et des mots que l'on prononce au quotidien.

Encore ce soir, j'ai vécu une situation qui m'a fait sentir mal en dedans de moi. Vous savez, quand vous êtes émotif et que vous auriez envie de vous cacher ou de pleurer en silence derrière un arbre.

Eh bien, lorsque vous vous sentez ainsi, retirez-vous de la situation émotionnelle et récitez : « Je t'aime, Je suis désolé, Pardonne-moi STP, Merci. » Répétez ces mots aussi souvent et longtemps que possible, en vous donnant de l'amour. En fait, le but est d'aller guérir à l'intérieur de nous ce qui nous pousse à nous sentir mal dans une situation.

Certaines personnes, portant d'autres blessures internes, auraient eu une tout autre réaction vis-à-vis de la même situation. Cela est la preuve vivante que nos réactions sont liées à notre éducation, à nos croyances et à nos blessures d'enfant, et également à nos mémoires. En changeant ces dernières, nous changeons nos réactions vis-à-vis des situations. En guérissant notre enfant intérieur et en lui donnant de l'amour, on en vient à ne plus réagir à certaines situations.

Je vais aller bien plus loin encore dans le processus. En récitant le «Je t'aime, Je suis désolé, Pardonne-moi STP, Merci», on travaille sur soi, et ainsi les choses et les gens autour de nous vont également changer parce que nous sommes tous dans un système et nous sommes tous interreliés les uns avec les autres.

Remarquez bien ce que je vous dis, agissez différemment dans une situation où vous avez toujours agi de la même façon: vous verrez que les gens autour de vous qui avaient l'habitude de réagir toujours de la même façon vont réagir autrement.

Donc, si vous guérissez vos blessures avec la méthode Ho'oponopono, vous aurez des réactions différentes, car ce sont les personnes blessées qui réagissent négativement aux situations. Ayant guéri vos blessures intérieures, vous serez de plus en plus dans l'amour et vous vivrez de moins en moins de situations désagréables qui vous feront réagir. Vous serez donc inévitablement plus heureux et, par le fait même, les gens qui vous côtoient seront également plus heureux.

Cette méthode est en définitive aussi simple que cela: nettoyer ses propres mémoires, s'accorder le pardon, s'ouvrir à l'amour et être en paix. C'est ainsi que la réponse à la question fondamentale «Qui suis-je?» vous apparaîtra de plus en plus claire.

Car le but ultime de Ho'oponopono est de se connecter avec la divinité intérieure. Amour, paix et bonheur sont alors en synergie.

16

Le bonheur et le plaisir

On pourrait dire que bonheur et plaisir riment. En tout cas, lorsqu'il y a du plaisir, il y a de fortes chances que le bonheur soit présent, momentanément. Cependant, est-ce que bonheur veut toujours dire plaisir ? C'est la question à laquelle nous allons essayer de répondre.

Être heureux, c'est en quelque sorte avoir du plaisir à vivre et être bien dans le moment présent. C'est également apprécier les petites choses de la vie.

Hier, j'écoutais une vidéo de David Lefrançois ; il disait que l'essentiel, c'est l'essence du ciel. Ces mots m'ont vraiment interpellée, car ils ont beaucoup de sens dans ma tête. Qu'est-ce que l'essence du ciel ? Pour moi, l'essence du ciel veut dire les plaisirs du cœur, de la famille, de l'amour, le fait d'être bien. C'est ce que le ciel a prévu pour que nous vivions heureux sans nous compliquer la vie. Donc, l'essentiel serait d'être bien avec un rien et d'apprendre à avoir du plaisir et à être heureux avec soi, dans le moment présent, sans artifice et sans avoir besoin de tous les biens matériels que nous pouvons nous procurer pour avoir l'impression d'avoir du plaisir.

Le plaisir d'être bien est suffisant pour être heureux. Savez-vous qu'un enfant rit de 200 à 300 fois par jour, et qu'un adulte le fait 10 fois moins dans une journée ? Rire signifie plaisir.

Redevenons des enfants et apprenons à rire de tout et de rien, rire de nous, rire d'une situation loufoque.

Tiens, j'ai envie de vous faire rire. Vous aimez les blagues de blondes ? En voici une assez cocasse, et vraie.

Hier, après le travail, je devais aller poster une lettre. J'avais dans les mains : mon sac à main, mon sac à lunch, deux petits sacs d'épicerie, une lettre à poster dans une main et mes clés de voiture dans l'autre. Je me rends à la boîte aux lettres et j'y glisse... devinez quoi ? Mes clés de voiture ! Morte de rire... mais pas sur le moment, j'avoue. Je me sentais plutôt assez « nonoune », surtout que je n'avais plus de clé pour prendre ma voiture. J'ai appelé le bureau de poste, je suis retournée au travail, ma collègue y était encore et m'a amenée à la maison, et finalement tout s'est bien terminé avec seulement une heure de retard pour le souper et les devoirs.

En racontant mon aventure dans la soirée, j'étais morte de rire et cela m'a vraiment fait beaucoup de bien. Il faut savoir rire de soi et de nos niaiseries. Ça fait du bien à l'âme. Je vous donne le droit de raconter mon histoire, car ce genre d'aventure n'est pas légion.

Revenons donc au plaisir. Il est simple d'avoir du plaisir dans la vie. On peut se créer de petits plaisirs à tout instant. En fait, il faudrait cultiver l'art de créer des égrégores. En latin, *egregius* signifie « remarquable, illustre, exceptionnel ». L'égrégore est une énergie structurée par l'objet sur lequel elle se finalise, et remplie de toutes les émotions que les participants mettent en commun.

Nous allons donc ici parler d'un égrégore, ou nous allons mettre toutes nos énergies à focaliser sur le cumul de bons souvenirs. Il faut apprendre à devenir des machines à créer de bons souvenirs dans notre vie.

Pour ce faire, il faut prendre l'habitude de voir le verre à moitié plein plutôt qu'à moitié vide. Dans chaque petit événement de notre vie, il y a toujours deux façons de penser. Tiens, reprenons mon exemple des clés dans la boîte aux lettres. Il y a sûrement des gens pour qui cette expérience aurait gâché leur soirée entière, et plus encore. Ils auraient classé cette bêtise parmi les mauvaises expériences de leur vie et auraient eu vraiment honte d'avoir fait cela. Au contraire, d'autres personnes (comme moi !) préfèrent transformer cette niaiserie en humour et la raconter encore et encore autour d'elles pour faire rire, et cette expérience deviendra un souvenir positif dans leur vie même si sur le moment elles ne se sentaient pas bien.

Faisons donc en sorte que toutes nos expériences vécues de façon positive ou moins deviennent un souvenir positif dans notre vie. Plus vous aurez de souvenirs positifs, plus vous serez heureux. Transformons nos actions en plaisirs, petits ou grands, et la vie sera plus belle et plus agréable.

Avec vos enfants, votre conjoint, vos amis, vos collègues, apprenez à vous créer des souvenirs positifs. Plus vous aurez un grand catalogue de souvenirs positifs dans votre vie, plus vous aurez envie d'être et de rester avec ces personnes.

Par exemple, si vous avez de la difficulté à trouver des souvenirs positifs avec votre conjoint, il y a bien des chances qu'à la moindre dispute vous allez vous remémorer les mauvais moments passés avec lui, et vous voudrez tout de suite rompre. Si, au contraire, vous avez un immense catalogue de souvenirs positifs et agréables, vous voudrez faire durer cette relation pour pouvoir revivre d'autres bons souvenirs.

Il faut avoir un esprit gai et ouvert pour créer des souvenirs positifs. Voici un exemple. Vous avez une seule journée de congé par semaine (ce qui est mon cas en ce moment) et vous avez prévu partir avec votre conjoint pour faire une balade en vélo. En vous réveillant, vous constatez qu'il pleut vraiment fort et que cela va durer toute la journée. Vous avez donc deux options : vous plaindre et bouder toute la journée en vous disant que la vie n'est pas juste, ou encore vous asseoir avec votre amoureux et être créatifs en vous demandant comment vous pourriez rendre cette journée de congé merveilleuse et pleine de souvenirs agréables malgré la pluie : une journée au spa, une tournée de magasinage et un super dîner au restaurant, un bon film au cinéma, etc. C'est toujours comme ça, la vie.

Déployons toutes nos énergies dans la même direction pour construire des souvenirs positifs, donc bâtir des égrégores. Si tout le monde concentre son énergie dans le positif, dans l'amour, dans la paix, et non le contraire, des événements magiques se produiront sur terre.

L'aventure du bonheur commence dans votre cour, dans votre maison, dans votre vie. Ayez du plaisir et transformez vos expériences en souvenirs positifs : vous vivrez ainsi plus heureux.

17

Le bonheur et l'amour

L'amour, l'amour et toujours l'amour ! Nous voulons tous être en amour, vivre l'amour, s'aimer, aimer les autres et être aimés. Lorsque nous expérimentons cet état d'amour, nous sommes inévitablement heureux, n'est-ce pas ? Alors, pourquoi ne pas vous trouver des façons de rester toujours sur votre nuage d'amour ? Pas facile, me direz-vous !

Je suis une adepte de David Lefrançois, et dans l'une de ses vidéos sur YouTube, il nous parle d'amour. J'ai beaucoup aimé cette phrase : « Dans chacune des situations qui vous arrivent au cours d'une journée, demandez-vous : Que ferait l'amour à ma place ? Cette question semble simple, mais ne l'est pas tant. Je dis bien dans chacune des situations, belle ou moins belle, et c'est là qu'il faut davantage faire des prises de conscience pour rester dans l'amour. » Votre enfant vous répond, votre conjoint est désagréable, votre patron vous engueule, un passant vous bouscule, un conducteur vous coupe sur la route, etc. Après l'incident, au lieu de répondre sur un ton sec et arrogant, posez-vous la question : Que ferait l'amour en ce moment ? L'amour ne répliquerait pas, l'amour ne monterait pas le ton, l'amour ne crierait pas, l'amour ne ferait pas de mauvais choix.

Après une dispute ou une mésentente, nous sommes bien loin du bonheur. Je dirais même que nous sommes en réaction et notre esprit patine pour répliquer et gagner. Notre ego se gonfle d'orgueil et nous voulons répondre pour nous faire valoir. Pourtant, ne serait-il pas plus doux et plus simple d'écouter l'amour et de dire : « Je te comprends, je comprends ce que tu vis, je suis désolé de cette situation et à l'avenir je vais m'efforcer de ne plus te faire vivre cette émotion. »

C'est ici que se joue notre fameuse méthode Ho'oponopono. Envoyez de l'amour à la personne qui vous fait vivre cette émotion et répétez-vous : « Je t'aime, Je suis désolé, Pardonne-moi STP, Merci » aussi souvent que vous pourrez. La poussière va retomber, vous ne serez plus fâché, et la prochaine fois que cette situation se produira, vous verrez que vous aurez de moins en moins de réactions dans cette même situation.

Il faut toujours chercher ce que ferait l'amour chaque moment. L'amour est l'état ultime du bonheur. Déposez-vous sur l'amour, et imprégnez-vous-en le plus possible tout au long de vos journées : vous serez vraiment surpris des résultats sur votre bonheur. Vous serez serein, bien, en paix, calme et heureux. N'est-ce pas l'objectif de notre vie ?

J'ai entendu une phrase qui s'adresse aux hommes et qui m'a bien plu : « Si tu veux être le roi dans ta maison, tu dois traiter ta femme comme une reine. » Je vous laisse sur cette citation tellement inspirante pour nous, les femmes.

18

Le bonheur de méditer

Mon conjoint revient de faire une retraite de silence et de méditation de dix jours et il en est ressorti différent et plus positif. J'en ai déduit que la méditation avait un effet sur notre bonheur, et j'ai décidé de l'interroger sur cette expérience afin de pouvoir la partager avec vous.

Son séjour de méditation s'est déroulé à Vipassana, dans la région de Montebello. Il s'agit d'un centre de méditation où le silence complet règne durant les dix jours, et on y médite dix heures par jour en se concentrant uniquement sur notre respiration en pleine conscience.

À la suite de cette méditation, le lien avec le bonheur, c'est simplement que l'on prend le temps de respirer, on se connecte avec la nature et, donc, avec soi-même. Nous sommes alors en cohérence avec nous-mêmes, et c'est à ce moment-là que nous nous rendons compte que nous avons tous les outils à l'intérieur de nous pour pouvoir vivre le bonheur.

Tout d'abord, il faut savoir ce qu'est le bonheur pour la plupart des êtres humains. Pour Daniel, le bonheur, c'est sa façon de voir la vie en regardant dans son quotidien toutes les choses simples qui se passent, comme prendre un café, avoir une discussion, sentir qu'il fait de l'écoute active et qu'il est entendu. C'est aussi d'être en relation avec les gens, être dans la créativité et la co-créativité en partageant ses idées avec quelqu'un, et ainsi avoir un sentiment de progression.

Le bonheur n'est pas une destination, mais c'est plutôt un chemin, et parfois, lorsque l'on suit le chemin, on s'aperçoit que l'on n'y arrivera jamais, et c'est là que le bonheur bascule.

À travers la méditation, on se rend compte qu'en se concentrant sur notre respiration on va à l'intérieur de nous, et certaines sensations apparaissent alors. Tout ce que nous avons à faire, c'est de les observer, et ce, qu'elles soient agréables ou non.

Pour une raison que mon conjoint ignore, lorsque l'on observe ce qui est, c'est comme si on tenait une loupe au-dessus de notre tête : les sensations disparaissent et on sent alors que l'on se connecte à la nature de notre être.

C'est un peu comme si on se rapprochait de notre créateur, c'est notre connexion avec lui. C'est lui qui nous a créés et il connaît tout de nous. Alors, si on se concentre sur une sensation, il peut la faire disparaître.

Si vous prenez le temps de méditer, par exemple trente minutes par jour, vous allez récupérer ce temps pendant la journée, vous serez plus efficace, vous aurez plus d'énergie, vous n'aurez pas besoin de manger autant et vous aurez également moins besoin de sommeil. Pour un débutant, trente minutes matin et soir seraient très bien. À Vipassana, on suggère une heure matin et soir, tous les jours.

Lorsque nous méditons et que nous nous concentrons sur notre respiration, nous laissons partir les pensées qui nous habitent et nous recentrons sur notre respiration, tout simplement.

La méditation, c'est un geste d'amour que je fais pour moi. En méditant, j'investis de l'amour à l'intérieur de moi.

Lorsque nous sommes pleins d'amour à l'intérieur de nous, nous ne sommes plus en recherche d'amour, alors nous sommes disponibles pour donner de l'amour et de la bienveillance aux autres. C'est aussi ça, le bonheur : être présent pour les autres.

Imaginez-vous le potentiel infini si la population mondiale commençait à méditer. On serait dans un monde complètement différent. Lorsque l'on s'initie à la méditation, on s'aperçoit que l'on est dans un monde où tout est interconnecté, et c'est là la beauté et le potentiel illimité de l'être humain. Il faut savoir le saisir et l'appliquer dans son quotidien pour être plus heureux.

J'ai ensuite demandé à Daniel à quel âge on peut commencer à méditer. Selon lui, en tant que parents bienveillants, on peut initier les enfants à partir de 3 ans, une seule minute à la fois. Ils apprennent ainsi tranquillement à se connecter à leur univers et à découvrir les outils infinis qui se retrouvent à l'intérieur d'eux-mêmes.

Lorsque l'enfant médite, il y a des petits miracles qui se produisent. Il peut ainsi développer ses sens et il comprend qu'il y a un potentiel illimité en lui. Il se remplit ainsi d'amour et est mieux outillé pour poursuivre son aventure de la vie.

Il sera ensuite beaucoup plus facile pour lui de se concentrer, de développer de l'écoute active, de la compassion, et tout cela en pleine conscience.

Daniel a lu beaucoup de livres dans sa vie, a fait des études en psychologie, et tout cela apporte des outils pour la vie. Cependant, il découvre qu'à travers la méditation il apprend à connaître son être, son royaume intérieur et son plein potentiel. Prendre soin de son être à partir de son royaume intérieur est la clé du bonheur.

En nous connectant à nous-mêmes, nous recevons toutes les informations dont nous avons besoin pour être heureux tout en apprenant à nous aimer.

Les connaissances acquises par des livres et des formations passent par notre mental et descendent ensuite au cœur. En rentrant à l'intérieur de notre être par la respiration, en écoutant notre corps, on observe tout ce qui se passe à l'intérieur de nous : brûlures, picotements, engourdissements, douleurs. Puis, il suffit d'observer ces manifestations sans jugement et sans critique, et elles disparaîtront et quitteront notre corps pour faire place à autre chose. À la suite de ce processus, nous serons remplis d'amour, et de multiples possibilités s'offriront à nous pour notre vie.

Certaines personnes disent qu'en méditant elles reçoivent de l'inspiration pour leurs projets. Daniel nous explique alors la méthode de méditation pratiquée à Vipassana, soit la méthode de Shamanta Guatama. Celle-ci porte uniquement sur la respiration et l'observation des sensations de façon objective. Grâce à cette méthode, plein de choses se transforment à l'intérieur de nous et quittent tout simplement notre corps pour faire place à une connexion avec plus grand que soi.

Une fois que la connexion est établie et que la libération a fait son œuvre, les inspirations vont venir à nous et nous guider vers notre bonheur et notre réalisation de soi.

Chaque personne est unique et a un potentiel immense et une énergie phénoménale. Cette énergie est celle qui est autour de nous et en nous, et elle nous offre un potentiel illimité pour co-créer et utiliser les forces de l'énergie omnisciente. En étant conscients de nos sens, on peut ainsi utiliser cette énergie. Ensemble, nous sommes plus grands et plus forts.

En conclusion, Daniel souligne qu'effectivement 30 minutes de méditation matin et soir peuvent sembler beaucoup, mais cela donnera des résultats extraordinaires sur votre vie tout en accroissant votre vitalité. Ainsi, vous connaîtrez une vie plus heureuse et plus harmonieuse, donc une vie de bonheur.

Je remercie Daniel, mon amoureux, pour avoir partagé si généreusement ce qu'il a vécu à Vipassana. Il me donne l'envie de vivre cette expérience. Et vous ?

19

Je suis la source du bonheur illimité

Chronique parue sur la page Facebook de Live Happy : L'Info Bonheur, le vendredi 3 juin 2016.

Nous sommes tous à la recherche du bonheur, et pourtant il est si près de nous, juste là au fond de notre être : il suffit de le cueillir et de le goûter à tous les instants et aussi souvent que l'on veut.

Le bonheur n'est pas palpable, ce n'est pas une chose, un objet ou une autre personne, c'est un état de bien-être que l'on s'offre à soi-même.

Prenez le temps de réfléchir et de comprendre ce qu'il y a à l'intérieur de vous. Chaque moment est précieux. Ressentez le bonheur à travers des enfants qui s'amusent, le chant des oiseaux le matin, l'odeur du café, la splendeur du lever du soleil, le bruit du calme, et remerciez pour tous ces moments qui sont si près de vous et qui vous offrent du bonheur.

Remerciez pour la vie, la joie, l'énergie, vos enfants, votre maison, la nourriture que vous avez.

Rappelez-vous que le bonheur est un état à l'intérieur de vous et que vous pouvez être heureux où que vous soyez, avec qui que ce soit puisque c'est d'abord vous qui vous rendez heureux grâce à vos choix, à vos actes, à vos paroles, à votre amour de vous à vous.

À partir d'aujourd'hui, apprenez à être heureux de façon illimitée, car vous y avez droit.

20

Le bonheur de vivre en couple

Qui suis-je pour vous parler de bonheur en couple, moi qui ne fais qu'accumuler les relations amoureuses depuis que je suis toute jeune ? J'ai longtemps hésité avant d'aborder ce thème, mais j'ai décidé de m'assumer et de vous faire part de mes expériences, toutes plus enrichissantes les unes que les autres.

Deux fois mariée et deux fois divorcée à ce jour, trois enfants avec deux pères différents, dont l'un avec lequel je n'ai pas été mariée. Vous me suivez toujours ? Sans compter les autres hommes avec qui j'ai habité quelques années, relations qui se sont aussi terminées en queue de poisson. Il fallait bien qu'un jour je comprenne quelque chose là-dedans. Avez-vous déjà entendu parler du fait que tant et aussi longtemps que l'on n'a pas grandi d'une expérience, on revit toujours la même, car la vie refrappe sur le clou jusqu'à ce que l'on finisse par comprendre ? Il faut croire que, pour certains, c'est plus long à comprendre que pour d'autres. Soit j'ai vraiment la tête dure, ou bien je n'ai vraiment pas été chanceuse. Pourtant, tous étaient des bons gars, comme on dirait au Québec. Que s'est-il passé exactement ? Il me semble que je suis aussi une super bonne fille, intelligente, jolie, bonne cuisinière, propre, amoureuse, avec de bons enfants bien élevés... Difficile à comprendre, n'est-ce pas ? Pas tant, finalement. Une fois qu'on comprend certaines choses, on se prépare à vivre une aventure extraordinaire en couple.

Ma dernière relation dure depuis trois ans ; je vous dirais que cette période n'a pas toujours été des plus reposantes. Cependant, ces années ont été ô combien enrichissantes. Voici pourquoi.

Cet homme, je l'ai choisi minutieusement et c'est avec patience et persévérance que nous sommes finalement devenus un couple. Toutefois, la situation n'était pas si simple pour plusieurs raisons et nous avons tout de même décidé d'habiter ensemble très rapidement, car on ne pouvait pas se passer l'un de l'autre.

Aujourd'hui, avec le recul, je suis vraiment contente de toutes ces chicanes et remises en question qui ont fait partie de cette belle aventure. Tout d'abord, étant maintenant une adepte de la croissance personnelle, chaque mésentente a fait en sorte que j'ai cherché des réponses, je me suis remise en question, j'ai travaillé sur moi afin de devenir une meilleure version de moi-même de jour en jour. Pensez-vous que l'on peut avoir une relation de couple harmonieuse dès le premier jour, sans avoir à faire des ajustements ? C'est absolument impossible. Rien n'est parfait du premier coup, des ajustements sont toujours nécessaires. Toutes les discordes sont causées par deux personnes, et, dans la plupart des cas, chacune d'entre elles est en partie responsable de la situation. À la base des disputes, on retrouve toujours : un manque de communication, un manque de respect, des valeurs différentes, des croyances auxquelles on adhère, des blessures d'enfance et une éducation différente. Toutefois, les personnes étant en constante évolution, tout peut changer dans la vie. « *It's a process* », comme dirait mon ami François Lemay.

Ainsi, dans ce processus de transformations profondes, je suis devenue une meilleure personne, plus sage, plus patiente, plus dans la gratitude, plus intègre, plus vraie, et je me suis améliorée de jour en jour. Toutefois, il faut être avec un homme qui est prêt lui aussi à faire ces changements en lui et à grandir en tant que personne, et là, la magie arrive, les choses changent, l'harmonie s'installe et le bonheur est de plus en plus présent dans notre vie de couple.

Bien entendu, il faut également vivre avec une bonne personne bien attentionnée et que l'amour soit présent. Si c'est le cas, cela vaut la joie d'y mettre de l'amour, du temps, des efforts afin de vivre dans l'harmonie, l'amour et le bonheur. Il est certain que ce ne sera jamais parfait, mais avec la foi on peut déplacer des montagnes.

Aussi, il est important de se parler honnêtement et de façon intègre afin de voir quels sont les obstacles à surmonter et contre lesquels on bute chaque fois. Ensuite, prenons le temps de les revoir ensemble et de trouver une façon de changer quelque chose. Rappelez-vous ce qu'a dit Einstein: «La folie, c'est de faire toujours la même chose et de s'attendre à un résultat différent.» Donc, sans changement de comportement et d'attitude, sans amélioration de notre relation, disons-le-nous une fois pour toutes, une relation de couple est vouée à l'échec.

Il me semble que dans bien des cas, puisque je l'ai vécu dans le passé, on aimerait que l'autre change. Est-ce que cela vous rappelle quelqu'un vous aussi? La clé de la réussite dans le couple est de se regarder dans le miroir de très près et de voir ce que *nous*, on pourrait améliorer pour que la situation change. Oui, j'ai bien écrit *nous*, pas l'autre, et encore une fois la magie se produit et les choses s'améliorent par elles-mêmes. Nous faisons tous partie d'un système, et lorsqu'il y a une variable, cela crée un changement dans plusieurs domaines, comme dans tous les systèmes qui existent.

De plus, sachons regarder en face les irritants dans notre couple et éliminons-les le plus possible. Si j'ai peur des araignées et qu'il y en a une sur le sol de ma cuisine, il suffit de la mettre dehors : je viens de régler mon problème et je n'ai plus peur, je me sens bien et la vie peut reprendre son cours.

Prenons un exemple concret de la vie d'un couple. Admettons que mon conjoint déteste faire des corvées extérieures, comme tondre le gazon ; tous les week-ends, c'est toujours la même histoire qui revient et on se chicane à ce sujet. Dans la grande majorité des cas, on voudrait que l'autre prenne ses responsabilités et qu'il exécute sa tâche sans rouspéter. Une autre solution serait que je le fasse pour lui et avec le sourire, car je suis heureuse de le faire (plus difficile, car il y a souvent de la frustration). Mais si on s'aime et que l'on a envie d'être heureux ensemble, pourquoi ne pas aller vivre dans un condo et éliminer cet irritant hebdomadaire de notre vie ? C'est ce que je veux dire par éliminer les irritants. Soyons créatifs et faisons en sorte que chacun soit heureux dans la relation sans toujours devoir faire des concessions. Dans les premiers mois d'une relation, les compromis se font avec le sourire, mais après plusieurs années de vie commune, le sourire diminue et les concessions ne se font plus avec autant de bonne volonté.

Je m'adresse maintenant aux messieurs. Une étude démontre que les hommes qui partagent les tâches ménagères à la maison sont plus heureux que ceux qui ne le font pas. Honnêtement, ce n'est pas parce qu'ils s'occupent des tâches qu'ils sont plus heureux, c'est qu'en s'en occupant ils rendent leurs femmes plus heureuses, donc en retour elles sont plus gentilles et font probablement vivre à leur homme plus de moments de bonheur.

Rappelez-vous, nous sommes dans un système et nous sommes tous interrelliés. Ce que je dis ou ce que je fais a une influence sur les autres, positivement ou négativement, et ainsi je transforme mon environnement.

Donc, ma relation de couple et ce qu'elle dégage est proportionnellement liée à mes actions, à mes réactions et à mes paroles. En modifiant l'un ou l'autre de ces trois éléments, je modifie également ma relation amoureuse.

Si, dans telle ou telle situation, vous vous chicanez souvent et que cela finit toujours en queue de poisson, la prochaine fois que cette situation se produira, essayez, *vous*, d'agir ou de répondre différemment. Ayez une nouvelle attitude face à la situation. N'essayez pas de savoir qui a tort et qui a raison. Faites seulement les choses autrement et regardez la magie se produire. Vous obtiendrez une réaction différente aussi de la part de votre conjoint. Si vous voulez vraiment réussir votre vie de couple, car vous aimez sincèrement la personne qui partage votre vie, vous devez vous remettre en question et changer *votre* façon de réagir aux événements extérieurs qui provoquent les conflits.

Rappelez-vous que le couple est composé de deux personnes différentes, avec deux points de vue différents, des éducations différentes, des valeurs différentes, des goûts différents. Il est peu probable que vous puissiez toujours être d'accord dans tout, n'est-ce pas? Qui a raison et qui a tort? Personne. Les deux points de vue sont souvent valables.

Soyons créatifs dans nos relations et faisons ce que nous pouvons pour améliorer la situation afin de prendre soin de l'amour. Posez-vous la question: Que ferait l'amour en ce moment?

Dites-vous qu'une relation harmonieuse sans aucune chicane n'existe pas.

Tous les conflits que l'on vit sont là pour nous faire avancer et grandir en tant que personne.

Acceptons ces défis et aidons-nous à devenir la meilleure version de nous-mêmes le plus vite possible.

En résumé, pour être heureux dans sa vie de couple :

- Acceptons le changement et restons ouverts ;
- Travaillons sur nous au lieu de demander à l'autre de changer ;
- Éliminons les irritants quotidiens le plus possible, et un pas à la fois.

Ainsi, nous arriverons à obtenir une relation basée sur l'amour véritable, et cela engendrera du bonheur comme on le souhaite.

Une autre étude a été réalisée sur quinze années auprès de couples d'âges différents. Ceux-ci étaient mis dans une situation conflictuelle afin qu'ils se chicanent. L'analyse a révélé que les couples qui utilisaient les quatre attitudes suivantes dans les trois premières minutes de la chicane allaient se séparer au cours des trois années suivantes :

1. La critique : « Tu es comme ci ou comme ça... »
2. Le mépris et l'ironie : « De toute façon, tu es incapable de... »
3. La défensive : « Oui, mais moi, si... Oui, mais il y avait telle chose... »
4. Le mutisme : « Il n'y a pas moyen de discuter avec toi... Laisse faire. »

Lors de votre prochaine discorde, observez si vous utilisez ces quatre attitudes durant vos mésententes ; si oui, faites attention et changez-en une à la fois pour la réussite de votre couple.

Dans cette même étude, les chercheurs donnaient les secrets des couples qui durent longtemps. Que peut-on faire dans les moments plus tendus ?

1. Avoir la capacité de se rapprocher de l'autre et de communiquer même si ça ne va pas bien, le coller, lui faire un câlin.

2. Trouver un objet de la parole. Lorsqu'une personne du couple le prend dans sa main, elle a quinze minutes pour parler à son conjoint sans que ce dernier puisse dire quoi que ce soit ni interagir. Il peut seulement montrer qu'il entend, qu'il comprend son point de vue et laisser entrer les paroles de la personne qui exprime sa joie ou sa peine. Ensuite, l'autre pourra prendre la parole à son tour avec l'objet dans ses mains. On évite ainsi les quatre attitudes expliquées précédemment.

3. S'entendre sur un signe que l'on montrera lors d'un conflit pour faire comprendre à l'autre que la guerre est terminée et que l'on arrête la bataille. Par exemple, faire une petite danse, chanter une chanson thème (toujours la même), sortir un objet fétiche (toujours le même), mettre une casquette. Encore ici, je vous demande d'être créatifs dans vos outils.

Nous sommes faits pour vivre en couple et pour être heureux. Prenons notre bonheur en main et soyons des personnes suffisamment conscientes pour faire avancer les choses dans la bonne direction. Soyons heureux et rendons les gens heureux autour de nous.

« Soyons le changement que nous voulons voir dans ce monde. » (Citation de Gandhi, reprise par Martin Luther King.)

21

Le changement est à la source de notre bonheur

Chronique parue sur la page Facebook de Live Happy: L'Info Bonheur, le 17 février 2016.

Aujourd'hui, nous sommes tous à la recherche du bonheur; nous aimerions le trouver tout simplement en nous penchant et en le ramassant par terre, mais on sait bien que ce n'est pas aussi facile que cela.

Tout part de l'observation de ce qui est et d'une prise de conscience de ce que je veux vraiment. Partir de ce que je veux, me concentrer là-dessus et prendre des actions pour y arriver.

La vie nous ramène toujours à nos vieilles habitudes de vie, à nos réactions habituelles devant une situation et aux événements de notre quotidien. Notre inconscient réagit automatiquement à ce qui se passe autour de nous de façon automatique. Il est imprégné par notre enfance et nos vieilles blessures.

Nous sommes à l'ère de la croissance personnelle et nous sommes bombardés de formations de tous genres pour devenir une meilleure personne et la meilleure version de nous-mêmes. C'est parfait, car il nous faut des coachs, des mentors, des formateurs pour nous aider à nous améliorer et à être pleinement heureux. Notre objectif est d'être le plus éveillés possible et de savoir où nous voulons aller dans la vie. Quels sont vos objectifs de vie ? Est-ce que vous mettez en application tout ce que vous avez appris dans vos formations ?

Le défi, c'est d'être capable de se transformer et d'appliquer ses connaissances pour atteindre un état de bien-être au quotidien afin d'être heureux et enfin de parler de bonheur. Pour cela, il faut absolument être prêt à accepter le changement, à s'ouvrir au changement afin de devenir une meilleure personne.

Il est tout à fait impensable de croire que ma vie peut changer si rien ne change autour de moi, et surtout si je ne suis pas ouvert au changement, c'est-à-dire prêt à transformer des choses à l'intérieur de moi pour devenir une meilleure personne et à améliorer mes relations avec ceux qui m'entourent.

Prenez conscience de ce qui arrive dans votre vie. Vivez votre moment présent intensément et apprenez à mettre en application vos connaissances. Le bonheur est autour de vous, dans vos relations avec les gens qui vous entourent, et dans la façon dont ces moments se passent.

Soyez conscient de ce que vous vivez et apprivoisez le changement pour une vie meilleure.

Pour vous reconnecter avec vous-même et devenir plus présent et plus calme, je vous suggère fortement la formation en ligne de François Lemay, Reconnexion, que j'ai moi-même suivie et qui m'aide beaucoup à me reconnecter, à être plus calme et plus concentrée sur mon être. Une belle façon de devenir meilleure et connectée avec ce que je veux, afin d'être une personne heureuse. https://gj212.isrefer.com/go/rc/lalibertejeunesse/.

22

Le bonheur est dans l'assiette

J'ai envie de vous parler de bonheur et de cuisine, car cela me passionne depuis toujours. Je dirais même que je suis une vraie épicurienne jusque dans les entrailles. L'un des plus grands plaisirs que la vie m'offre est un délicieux repas en famille, entre amis ou en tête à tête, agrémenté d'un bon verre de vin.

Je dois le goût de cuisiner à ma mère, Mimi de son surnom. Merci, maman, de m'avoir transmis ta passion pour la cuisine. Lorsque j'étais petite, elle me prenait près d'elle pour me montrer à cuisiner. Ma spécialité était l'épluchage des pommes de terre; j'en ai tellement épluché dans mon enfance, car ma mère les adorait (et les adore encore). Je crois qu'elle ne devait pas vraiment aimer cette tâche, alors j'en étais responsable. Aujourd'hui, j'en suis très heureuse, car en la regardant cuisiner j'ai tout appris. On apprend beaucoup en observant les gens. Après tout, il n'y a pas de sots métiers dans la vie. Il faut bien commencer quelque part. On ne naît pas chef cuisinier, n'est-ce pas?

Quant à mon goût développé pour les bons vins, cela me vient de Suisse. J'y ai vécu durant treize ans et je vous assure que les Suisses prennent du vin très souvent le midi et le soir, sans oublier la fameuse «verrée» qui se prête à toutes les occasions. Cette dernière est un genre d'apéro que l'on prend sur les lieux du travail (bureau) ou à la sortie du travail (resto), entre collègues. Elles sont organisées par les responsables des services, et toutes les raisons possibles peuvent se transformer en verrée (anniversaire, fête, naissance, promotion, un nouveau client important, l'arrivée du week-end, etc.). Donc, ayant commencé ma vie professionnelle en Suisse, dans la jeune vingtaine, je vous jure que j'ai assisté à un nombre illimité de verrées. Or, mon goût pour ce liquide succulent est devenu grandissant, et aujourd'hui, quoique je ne participe plus à des verrées puisque je suis de retour au Québec, je continue d'agrémenter mes repas d'un bon verre de rouge qui, aujourd'hui, est devenu mon préféré.

Avant de rencontrer mon conjoint actuel, j'avais fait une liste de ce que j'aimerais que l'homme de ma vie possède comme qualités. Lui également en avait fait une. Pour la petite anecdote, car nous en rirons toute notre vie, mon conjoint ne buvait pas de vin du tout à l'époque (chose qui a bien changé depuis !), et il avait écrit qu'il voulait rencontrer une femme qui aimait le vin parce qu'il avait envie de commencer à découvrir cette boisson enivrante et succulente. Eh bien, je vous le jure, il aurait difficilement pu tomber mieux sur ce point, car j'adore le vin. Vin, chocolat et érable sont mes favoris ; ce qui est très drôle, c'est que l'origine de ces trois aliments exceptionnels pour moi est la France, la Suisse et le Québec, trois régions du monde que j'adore et où il fait bon vivre.

Je ne sais pas si j'ai pu vous transmettre ma passion de la bonne bouffe et des bons vins, mais il est clair pour moi que ces deux éléments de ma vie contribuent à un très haut niveau de bonheur au quotidien.

23

Le bonheur et la beauté

Faut-il être beau pour être heureux ? On pourrait le croire, à voir les gyms remplis de gens qui veulent enfin avoir un beau corps, les autres qui se font faire des chirurgies pour améliorer leur apparence, ceux qui veulent maigrir à tout prix pour ressembler à nos vedettes. Tout repose sur le corps, sur l'esthétique, sur le fait de vouloir ressembler à l'image que l'on nous projette de la beauté. Est-ce bien là la clé du bonheur ?

Récemment, j'ai entendu un homme dire à son chum de gars qu'il s'en allait au gym. Son ami lui répond : « Ah bon ! Tu t'entraînes ! Pourtant, tu as une blonde à la maison, normalement ce sont les hommes célibataires qui vont au gym ! » Cet homme croit donc qu'il faut être beau et svelte pour draguer et se trouver une nouvelle partenaire. Bizarre ! Ne serait-il pas possible que cet homme qui s'entraîne le fasse pour lui-même, pour être en forme physiquement et aussi pour plaire à sa conjointe et la garder justement parce qu'il l'aime ?

Le bonheur se cultive au quotidien ; il ne faut jamais rien tenir pour acquis, tout peut basculer d'un jour à l'autre. Rien ne sert de s'asseoir sur ses lauriers et attendre que le bonheur passe, il sera alors trop tard. L'homme qui s'entraîne pour lui, pour son propre bonheur, a déjà compris cela.

24

Le bonheur vu par un homme

L'autre soir, j'ai eu le bonheur de m'entretenir avec mon père pour connaître sa version du bonheur. Mon père est un homme sage et il a beaucoup changé dans sa vie.

Auparavant, lorsque j'étais jeune, il était très centré sur l'argent. Il travaillait à son compte, et beaucoup, sans oser dire toujours, afin de gagner le plus d'argent possible et de nous offrir un confort et tout ce dont nous avions besoin.

Aujourd'hui, sa philosophie du bonheur est totalement différente. Avec la sagesse de l'âge, il s'aperçoit que l'argent n'est pas source de bonheur. Voici donc ce qu'il en pense.

Tout d'abord, selon lui, le plus important est la santé; lorsque nous sommes jeunes, nous n'y pensons pas beaucoup, mais c'est lorsqu'on la perd qu'on s'aperçoit qu'elle est importante. Mon père s'est fait opérer à cœur ouvert il y a quelques mois. Après un événement comme celui-là, on prend souvent conscience de bien des choses. Cependant, à part cette opération, il va bien, n'a jamais pris de médicaments et aujourd'hui il va encore mieux qu'avant. Merci, la vie.

À l'aube de ses 76 ans, il me dit qu'il vit actuellement une période de sa vie où il est le plus heureux. Une autre raison à ce bonheur est qu'il est entouré d'amis. Il a entretenu ces amitiés tout au long de sa vie et aujourd'hui il les voit encore. Avoir des amis est précieux pour être heureux. On ne peut être heureux seul.

L'amitié, c'est important, mais une personne qui partage ta vie, une complicité amoureuse, de la communication et des relations sexuelles satisfaisantes : voilà aussi des éléments importants au bonheur. En d'autres mots, mon père m'explique comment il est heureux d'avoir une femme dans sa vie, une femme qui l'aime et que lui aime aussi beaucoup. Vieillir seul est vraiment difficile et rend les personnes âgées déprimées, puis on leur prescrit des antidépresseurs. Au lieu de cela, les médecins devraient prescrire des amis, un partenaire amoureux, de la tendresse, etc. Se sentir aimé et aimer l'autre rend les gens heureux, et avec raison. L'humain cherche continuellement l'amour autour de lui. C'est sa source de bonheur infini. L'amour qu'il se porte, l'amour qu'il reçoit et l'amour qu'il donne.

Mon père a partagé une autre chose avec moi : ce qui le rend heureux aujourd'hui, c'est non seulement d'avoir suffisamment d'argent pour ne pas être stressé à la fin de chaque mois et d'être en mesure de pouvoir s'offrir le nécessaire et quelques gâteries, mais c'est surtout d'être capable de se détacher complètement du besoin de vouloir tout posséder et toujours plus. Nous sommes envahis par la publicité et par les belles choses autour de nous. Pour être heureux, nous n'avons pas besoin de dizaines de robes, de la voiture de l'année, de la maison d'un demi-million, des vêtements les plus chers, etc.

Il m'explique qu'au contraire vouloir posséder toujours plus de choses rend les gens malheureux. Ils doivent ensuite gagner toujours plus, manquent de temps, deviennent stressés et tombent finalement dans l'opposé du bonheur : le malheur que le besoin de posséder afflige.

Sachons nous satisfaire de ce que nous avons, soyons raisonnables dans nos dépenses, et nous pourrons ainsi vivre heureux et avec une plus grande harmonie.

En résumé, la recette du bonheur de mon père, c'est: la santé, les amis, de l'amour pour un partenaire de vie, de la sexualité, suffisamment d'argent pour être bien et se débarrasser du besoin de toujours vouloir plus, mieux et plus gros que le voisin.

Merci beaucoup, papa, pour ce partage. Ton jugement du bonheur me semble vraiment juste, et on comprend pourquoi tu es heureux aujourd'hui. Je te félicite d'avoir cet état d'esprit, car peu de personnes de ton âge ont la chance que tu as.

25

Le bonheur au travail

Faites-vous partie de ces personnes qui se lèvent tous les matins pour se rendre au travail sans en avoir envie, ou plutôt de celles qui se lèvent, heureuses, et qui s'empressent d'y aller parce que leur travail leur apporte du bonheur, qu'elles sont vraiment contentes de collaborer dans la société et d'aider leur employeur à obtenir ce qu'il désire ?

Savez-vous que nous passons plus du tiers de notre temps au travail ? Que la majorité des gens trouvent qu'ils ne gagnent pas suffisamment d'argent par rapport à leurs aptitudes ?

Mon fils a 19 ans et il ne sait vraiment pas ce qu'il aimerait faire dans la vie, et je pense qu'il est loin d'être le seul dans cette situation. Il est difficile à cet âge de se connaître suffisamment pour déterminer ce que nous allons faire tout au long de notre vie. Je lui demande souvent de réfléchir à trois choses pour l'aider : « Qu'est-ce que tu préfères faire de ton temps ? Dans quoi es-tu vraiment doué (et tout le monde te le dit) ? Quelles sont les valeurs profondes que tu veux vraiment retrouver dans ton travail ? »

Il est clair que la première raison pour laquelle nous allons travailler, c'est pour gagner de l'argent afin de pouvoir payer ce dont nous avons besoin. Cependant, posez-vous ces questions : Si j'avais tout l'argent dont j'ai besoin sans jamais avoir à travailler, qu'est-ce que je ferais de mes journées pour m'occuper et passer le temps ? Qu'est-ce que je pourrais faire que j'aime, et que je pourrais même payer pour le faire ?

Aujourd'hui, la moyenne des gens aura fait au moins cinq métiers différents au cours de leur carrière. Alors, est-ce si important de trouver tout de suite la bonne voie dès l'âge de 19 ans ? Je suis vraiment bien placée pour répondre à cette question.

À l'âge de 17 ans, je voulais aller étudier en mode. Mes parents n'étaient pas d'accord, car pour eux j'avais bien plus de potentiel que cela. Ils m'expliquaient que je ne ferais jamais d'argent dans ce domaine et qu'il serait mieux que j'aille à l'université. Comme j'étais très bonne à l'école, ils me voyaient médecin, ou pharmacienne, ou encore optométriste. Ce sont de très beaux métiers pour une femme, disaient-ils ! Donc, je les ai écoutés et suis entrée en sciences pures au cégep. Oh là là ! Vraiment pas pour moi ! Je ne comprenais rien du tout à la physique et aux maths. J'ai donc changé pour les sciences humaines. Finalement, je pourrais être notaire à la place, le meilleur ami de mon père était notaire et je pourrais travailler avec lui.

J'ai donc fait tout le processus inverse que ce que je conseille à mon fils aujourd'hui.

Si j'avais appliqué ma théorie du jour, ce que j'aimais le plus faire à l'époque était d'aller magasiner et d'acheter des vêtements (je n'ai pas vraiment changé sur ce point, mon conjoint pourrait vous en parler !), lire, écrire, apprendre et bâtir des relations avec les gens.

Aujourd'hui, j'écris mon deuxième livre, je travaille dans une entreprise de formation en ligne et je lis tous les jours afin de me former, de grandir et de devenir la meilleure version de moi-même.

Durant mon parcours, j'ai fait bien des détours. Ils m'ont tous servi, et grâce à toutes ces expériences, j'ai pu obtenir le poste que j'occupe en ce moment, et je suis vraiment heureuse, car je fais beaucoup de choses que j'aime.

Durant mes trente années de carrière, j'ai beaucoup fait du marketing relationnel. Pourquoi ? Parce que je crois mordicus qu'il nous faut absolument un effet de levier pour notre argent et pour assurer notre retraite, mais aussi c'est un beau système d'entraide qui fait que j'aide les gens à atteindre leur rêve, je bâtis des relations et je grandis en tant que personne grâce à ce genre d'entreprise. Je suis tellement reconnaissante d'avoir fait du marketing de réseau tout au long de ma carrière, car cela m'a permis de devenir la personne que je suis et qui fait que je peux écrire ce livre aujourd'hui, car j'ai toujours travaillé sur moi, j'ai lu des livres de croissance personnelle, j'ai écouté des CD dans la voiture, j'ai assisté à des événements de croissance personnelle partout dans le monde et j'ai acquis des tonnes de connaissances que je peux aujourd'hui transmettre à qui veut m'entendre.

Je ne prétends pas tout savoir, oh que non, mais je peux vous transmettre ce que je sais et ce que j'ai appris au fil des années où j'ai travaillé sur moi dans le but de devenir la meilleure version de moi-même.

Ce que j'aimerais que vous reteniez dans tout cela, c'est que, dans toutes ces années, j'ai vécu de l'adversité, j'ai perdu des amis parce que j'étais trop intense avec mes compagnies de marketing relationnel et eux n'y croyaient pas, mais surtout j'ai bâti des relations.

L'important dans la vie au travail, c'est d'être heureux dans ce que l'on fait. Laissez les autres faire ce qu'ils aiment et ce en quoi ils croient.

Les gens passionnés qui font ce qu'ils aiment vont exceller dans ce qu'ils font et seront si bons et si doués qu'ils seront remarqués, et la vie les mènera où ils doivent être.

Peu importe le salaire relié à votre métier, que vous soyez adjoint ou médecin, soyez heureux et aimez ce que vous faites. Si ce n'est pas le cas, posez-vous des questions et dirigez-vous vers ce que vous avez vraiment envie de faire. La vie est courte et belle. Mieux vaut y faire un passage dans lequel on est à la bonne place que de passer toute notre vie à aller travailler uniquement pour de l'argent, sans bonheur aucun.

Faites ce que vous aimez, et la vie mettra tout ce dont vous avez besoin sur votre chemin afin que vous déteniez tous les outils pour réussir et exceller dans cette voie. Si vous êtes à la bonne place, ce sera facile et tout viendra à vous. Faites confiance à la vie, car elle est belle. Voyez tous vos détours comme des expériences qui enrichiront votre vie de rêve, car il vous manque des notions ou des habiletés pour pouvoir y accéder.

Pour ce, vous devez absolument rester ouvert à toutes les occasions que la vie met sur votre chemin et les analyser en fonction de vos valeurs, de vos passions, de vos habiletés et avancer, toujours avancer dans une direction, même si ce n'est pas encore la bonne, car tous les chemins mènent à Rome. Certains arrivent à leur mission de vie très jeunes : ils se connaissent peut-être mieux que d'autres ; d'autres font des détours incroyables, car ils doivent acquérir de nouveaux talents, faire de nouvelles expériences de vie, bâtir de nouveaux réseaux d'amis afin de pouvoir vraiment réussir leur mission de vie.

C'était mon cas ; et aujourd'hui, malgré toute l'adversité que j'ai vécue, tous les jugements que l'on a portés envers moi, toutes les difficultés que j'ai surmontées, je fais ce que j'aime le plus au monde : lire, écrire, bâtir de nouvelles relations et aider les gens à obtenir ce qu'ils désirent et à devenir de meilleures personnes.

Le bonheur au travail, c'est d'être heureux de faire ce que l'on fait et de savoir ce qui nous rend heureux. Posez-vous la question et dirigez-vous vers votre travail idéal, peu importe le temps que ça prendra. Faites ce qu'il faut pour y arriver, soyez en action, restez toujours positif : lorsque vous serez à la bonne place, l'argent viendra à profusion.

Plus tôt dans mon livre, je vous ai raconté l'histoire du gars qui a inventé le coussin gonflable pour les voitures ; il lui a fallu plus de vingt ans avant qu'il trouve quelqu'un qui croyait en son projet. Toutes les personnes qu'il contactait n'y croyaient pas, mais il ne s'est jamais découragé, car il avait une vision. Un jour, son invention a plu à quelqu'un et elle lui a rapporté des millions de dollars. Tout compte fait, tout cet argent divisé par vingt ans de travail représentait tout de même un beau salaire annuel.

Croyez en vos rêves et ayez la patience d'attendre tout le temps qu'il vous faut avant de les concrétiser.

26

Soyons en paix pour être heureux

Chronique parue sur la page Facebook de Live Happy : L'Info Bonheur, le lundi 6 juin 2016.

Un des états essentiels au bonheur est d'être en paix avec soi-même, avec les autres et avec la terre entière. Comment pouvons-nous être heureux si nous sommes sans cesse en colère, en peine, fâchés pour une chose ou pour une autre ?

Le stress est une des causes de l'inflammation dans notre corps et qui ensuite crée la maladie. Il est aussi une cause de l'inflammation de notre esprit, et un esprit enflammé est un esprit contaminé, ce qui ne peut pas mener au bonheur.

Faites la paix autour de vous, pardonnez, acceptez ce qui est, soyez zen, aimez votre corps et votre esprit et aimez-vous suffisamment pour vous écouter. Ne jamais écouter ce qui est la source de notre être nous empêche d'être en paix avec nous-mêmes, donc d'être heureux. Comment puis-je être heureuse si tout ce que je fais dans une journée, dans une semaine, dans une vie, je le fais pour les autres, pour bien paraître et pour me faire aimer ?

Être en paix avec soi, c'est écouter ses propres besoins et les combler soi-même sans attendre que quelqu'un s'en occupe à notre place. Prenez la responsabilité de vous occuper de votre propre bonheur : vous verrez que la paix se pointera le bout du nez à votre porte. Vous serez ainsi non seulement en paix, mais surtout vous serez heureux.

Toujours faire des compromis au sujet de notre bonheur nous empêche d'être en paix. Nous ne pouvons pas être en paix si nous sommes toujours insatisfaits de quelque chose quelque part.

Apprécions ce que nous avons et acceptons ce qui est afin de construire notre bonheur un jour à la fois.

La paix d'esprit est le contraire du stress. Donnons-nous le droit de vivre dans un monde sans inflammation d'esprit, car la vie est belle.

Que la paix soit avec vous et avec votre esprit !

27

Le bonheur, c'est d'être en paix

Plus les jours avancent, plus je prends de la maturité et plus je m'aperçois que d'être en paix est une clé pour atteindre le bonheur. Lorsque nous sommes en paix intérieure, quoi qu'il arrive, nous sommes bien et notre énergie est à son meilleur.

La paix intérieure est précieuse, et c'est ce que nous devons vouloir atteindre à tout prix. Bonheur = paix.

Être en paix quoi qu'il arrive, ne pas se laisser ébranler par la vie. Tchouang-tseu, fondateur du taoïsme, a dit: «Si, intérieurement, une personne demeure tranquille et courageuse, alors extérieurement elle sera prête à relever tous les défis.»

Comment fait-on pour rester en paix? Un des meilleurs outils pour garder la paix intérieure est d'accepter ce qui est, sans réagir violemment aux événements extérieurs de la vie. Essayer de voir le positif dans ce qui arrive, remercier pour la situation, car elle cache sûrement un cadeau à découvrir plus tard.

Lorsque l'on voit un cadeau dans chaque événement de la vie, cela nous aide à rester en paix à l'intérieur afin de pouvoir accepter ce qui arrive. Ne pas réagir, car la colère fait des ravages négatifs à l'intérieur de soi dans tous les domaines de notre vie.

Sachons maîtriser la colère, la peur, la haine. Apprenons à pardonner, à comprendre, à écouter le message afin de découvrir le présent et de rester en paix.

Une personne vous fait vivre des émotions négatives? Au lieu de réagir et de la détester, essayez de la comprendre et posez-vous la question (toujours la même!): Que ferait l'amour en ce moment? Cette personne vit des blessures et elle les rejette sur vous. Ne le prenez pas personnellement, retournez la situation en positif et envoyez-lui de l'amour afin qu'elle se guérisse rapidement et retrouve la paix elle aussi.

Paix et bonheur sont directement proportionnels. L'un ne va pas sans l'autre. Si l'on est en paix, on est forcément heureux; si l'on est heureux, c'est qu'on est forcément en paix.

La paix est représentée par le calme de l'esprit. Avoir l'esprit en paix signifie qu'aucune pensée n'agite notre esprit de façon à nous rendre nerveux, anxieux, soucieux, stressés, etc. Cela signifie également qu'il n'y a pas un troupeau de hamsters dans notre tête en train de tourner dans tous les sens à chercher des réponses à des questions existentielles. Cela veut dire aussi que tout est sous contrôle et que nous sommes en mode solution positive pour chaque événement.

Il est essentiel de trouver la paix de l'esprit, et plusieurs exercices peuvent vous aider à devenir de plus en plus en paix dans votre vie et ainsi être de plus en plus heureux.

Premièrement, sachez que plus on se concentre sur une chose, et plus celle-ci va s'amplifier. Donc, plus nous sommes tourmentés par une situation, plus celle-ci prendra de l'ampleur. Il faut vraiment accorder notre attention à ce que l'on veut, et surtout pas à ce que l'on ne veut pas.

Le meilleur moyen pour chasser nos pensées négatives et, par le fait même, nos pensées nocives, c'est de revenir à l'instant présent et de nous pencher sur ce qui se passe à l'intérieur de nous. Notre esprit ne peut pas être à deux endroits en même temps. Si vous vivez pleinement votre moment présent, vous aurez alors des pensées constructives. Prenez un objet et faites de la pleine conscience avec celui-ci. Par exemple : prenez un raisin sec et admirez-le comme si c'était la première fois que vous en voyiez un : forme, couleurs, textures, odeurs, goût, etc. Cela vous ramènera au moment présent et chassera vos pensées contaminées.

Il est indispensable de commencer à maîtriser la paix intérieure pour vivre du bonheur.

28

Le bonheur et l'activité physique

Saviez-vous que marcher est un excellent remède pour sortir de la mauvaise humeur ? Eh oui, des études démontrent qu'une marche de dix minutes stimule la chimie du cerveau pour accroître le bonheur.

Donc, si dix minutes enclenchent déjà le processus de bonheur, imaginez comment trente minutes d'exercices par jour peuvent être bénéfiques sur votre état et votre bonne humeur.

On se fait toujours dire qu'il faut faire de l'exercice tous les jours pour être en santé, tant celle du corps que celle de l'esprit.

D'ailleurs, après avoir fait de l'exercice, votre cerveau est beaucoup plus actif et capte bien plus facilement l'information. Idéalement, on devrait faire de l'exercice tous les matins avant de commencer notre journée, car nos cellules seront ainsi beaucoup plus productives tout au long de la journée.

Votre attention sera beaucoup plus grande après un exercice physique : tout ce que vous ferez après l'effort sera beaucoup plus efficace.

Vous ne serez jamais plus heureux de la façon dont vous vous sentez dans votre corps. Vous êtes bien dans votre corps ?

Vous vous trouvez beau? Eh bien, il y a de très fortes chances que vous soyez plus heureux que ceux qui ne s'aiment pas et qui ne se sentent pas beaux dans leur corps. C'est pourquoi il est important de prendre soin de notre corps tous les jours, afin de prendre notre bonheur en main.

Prendre soin de son corps veut dire bien manger et faire de l'exercice. Pas besoin de s'inscrire au gym ou de courir trente minutes tous les jours. Par exemple, sortez marcher quelques minutes, pratiquez un peu de yoga à la maison, faites quelques exercices, prenez les escaliers au lieu de l'ascenseur.

L'action est indispensable au bonheur. Aide-toi et le ciel t'aidera, dit-on. L'univers aime l'action, et plus vous serez en action, plus vous ferez arriver les choses que vous voulez dans la vie. Plus vous aurez *envie* de faire arriver des choses dans votre vie.

Être en action veut dire bouger, saisir les occasions que la vie met sur votre chemin. Si celui-ci s'arrête au canapé du salon, à votre lit et à votre travail, vous aurez peu de chances que de bonnes choses arrivent dans votre vie et vous rendent heureux.

La vie est en éternel changement à tous les instants. Tout change, les saisons changent, la lumière change dans la journée, les arbres vont bientôt perdre leurs feuilles, les enfants grandissent, tout se transforme, tout est énergie et tout bouge, même une roche.

Il est naturel de bouger, notre corps va se transformer, nous vieillissons, et une des seules façons d'évoluer et d'avancer est d'être en mouvement pour suivre la vie. En faisant de l'exercice, nous collaborons à entretenir notre maison afin qu'elle reste belle et solide plus longtemps. C'est une assurance maladie et longévité. Nous entretenons notre logement, notre voiture, alors il faut faire de même avec notre corps. Vous serez vraiment étonné des résultats que vous obtiendrez rapidement sur votre bonheur. Vous serez plus connecté avec la terre et vous attirerez plus facilement ce que vous désirez dans la vie. Aussi, durant vos exercices, vous aurez le temps de réfléchir, de méditer et de penser à votre vie, à ce que vous voulez dans la vie.

Le sport vous offre un sentiment d'accomplissement que vous avez réalisé quelque chose ; plus l'effort sera intense et le niveau de difficulté, élevé, plus vous serez fier de vous.

Un autre point non négligeable pour vous motiver à faire de l'exercice, c'est que vous dormirez beaucoup mieux. Lorsque nous faisons du sport, notre esprit est moins tourmenté, notre corps se sent bien et nous dormons en paix. Le sommeil étant indispensable à notre bien-être, si vous vous sentez mieux, vous serez plus heureux.

Un dernier point concernant l'activité physique : elle est directement proportionnelle au bonheur. Selon une étude, les gens qui pratiquent une activité physique régulièrement ont de meilleures notes IRB (indice relatif de bonheur) :

- 4 à 7 fois par semaine (17 %) IRB de 80,40 ;
- 2 à 3 fois par semaine (29 %) IRB de 79,70 ;
- 1 ou 2 fois par semaine (21 %) IRB de 75,40 ;
- Ne font jamais d'activité physique (4 %) IRB de 72,60.

Tous les sportifs connaissent bien les effets positifs que procure une bonne séance d'entraînement :

- Sensation de légèreté physique et mentale ;
- Bonne humeur ;
- Rire facile ;
- Absence de stress ;
- État de bien-être global.

Tout cela est causé par notre cerveau, plus précisément par l'hypothalamus et l'hypophyse qui créent l'endorphine. L'endorphine est une « drogue » créée tout à fait naturellement par notre corps et dont les propriétés analgésiques s'apparentent à celles de la morphine. Le sportif moyen en devient dépendant, ce qui est une bonne chose, car cette hormone nous incite à bouger encore et encore.

L'activité physique modérée de plus de vingt minutes est la meilleure façon d'accélérer la sécrétion d'endorphine dans notre corps. Les sports d'endurance sont plus efficaces que les sports de puissance pour activer cette augmentation.

Voyons maintenant quels sont les multiples bienfaits de l'endorphine. Grâce à la pratique d'une activité physique, vous bénéficierez d'un effet de protection contre certaines maladies liées au stress :

- L'hypertension ;
- Le diabète ;
- Les maladies cardiovasculaires ;
- Le mauvais cholestérol (LDL).

Également, les endorphines participent de plusieurs façons à notre santé :

- Diminution du stress et de l'angoisse ;
- Apparition du plaisir ;
- Système immunitaire plus résistant ;
- Contrôle renforcé sur la respiration ;
- Amélioration de la qualité du sommeil ;
- Santé psychologique équilibrée.

Êtes-vous convaincu maintenant ? Alors, allez-y et bougez !

29

Le bonheur pour les enfants

Rappelons-nous, lorsque nous étions enfants, il n'y avait pas grand-chose qui nous stressait. Nous étions toujours heureux. Contents de voir notre maman, notre papa, contents de jouer avec nos amis, contents de flatter un chien ou un chat, contents et émerveillés devant une fleur ou un papillon, contents de jouer avec nos jouets. Un rien nous faisait rire aux éclats, nous n'avions aucune gêne de faire rire de soi, nous dormions de longues heures tous les jours sans nous réveiller, nous bougions sans arrêt, etc.

Et si c'était ça aussi, le bonheur ? Pourquoi n'avons-nous plus ce cœur d'enfant ?

Pour un enfant, le bonheur est de se réveiller et de voir ses parents qui sont là, près de lui. Il est heureux d'être avec ceux qu'il aime. On prend soin de lui, il se sent aimé, et il donne de l'amour en retour.

Il prend ensuite son petit déjeuner ou son biberon, et cela lui procure beaucoup de bonheur et de satisfaction. Un petit plaisir de la vie de profiter du moment présent et de le savourer.

Il ira peut-être ensuite écouter la télé et rire devant ses émissions de télé, ou encore s'amuser avec ses jouets et se raconter des belles histoires dans sa tête. Il est heureux.

Les seuls moments où l'enfant n'est pas heureux, c'est lorsqu'un de ses besoins primaires n'est pas comblé : manger, boire, dormir, être au sec dans sa couche. Autrement, il est content de vivre, il s'amuse et profite pleinement de la vie.

Et si c'était ça aussi, le bonheur ? L'insouciance d'un enfant, le plaisir d'être avec ceux que l'on aime, seulement être et savourer, et non pas avoir.

Le bonheur, c'est d'être bien là où l'on est et savourer le moment présent. Jouer, rire, discuter, profiter des petites choses de la vie qui font que la vie devient belle et enrichissante. Pourquoi toujours chercher à avoir plus et mieux ? L'enfant est content et heureux d'être là avec ses parents, ses frères et sœurs, ses jouets. Pourrions-nous aussi tout simplement nous réveiller le matin, être heureux d'être dans notre famille et de voir ceux que l'on aime ?

30

Apprendre à s'aimer

Chronique parue sur la page Facebook de Live Happy : L'Info Bonheur, le lundi 7 décembre 2015.

Le bonheur se trouve à l'intérieur de nous. Il nous suit et il attend simplement d'être cueilli au plus profond de soi. Plus vous prendrez soin de vous et de votre propre bonheur, plus la vie se chargera de vous redonner encore du bonheur. Il faut savoir s'aimer au quotidien et prendre soin de soi-même. Plus vous vous donnerez d'amour, plus vous en recevrez et serez capable d'en donner en retour à ceux qui vous entourent. Tout commence par vous.

Vous arrive-t-il de manquer d'amour envers vous-même ? Vous arrive-t-il de trouver que quelqu'un vous a manqué de respect ? Et vous, êtes-vous toujours respectueux envers vous-même et envers vos besoins ? Prenez le temps de réfléchir à la façon dont vous agissez avec votre être. Pouvez-vous demander aux autres de vous aimer plus que vous ne pouvez vous aimer vous-même ? Pensez-y, et apprenez à vous donner de l'amour.

En cette période du temps des fêtes, les magasins vont réaliser leur plus gros chiffre d'affaires de l'année. Nous allons offrir des cadeaux à tous ceux que nous aimons, à nos enfants, à nos parents. Je vous propose de vous faire le plus beau des cadeaux pour ce Noël. Offrez-vous l'amour de votre être dans une jolie petite boîte rouge pleine d'amour. Écoutez la résonance au fond de votre cœur. Laissez parler cette petite voix qui vous dit subtilement d'être à l'écoute de votre corps et de vos besoins. S'aimer, ce n'est pas être égoïste ; s'aimer, c'est savoir faire ce qui est bon pour soi pour ensuite être encore meilleur pour aimer les autres et recevoir de l'amour en retour. Faites ce que vous aimez, et faites-le pour vous : vous serez surpris des résultats et de ce que la vie vous offrira en retour.

Je vous souhaite beaucoup d'amour de soi et d'amour des autres.

31

Le bonheur et la sexualité

Je ne vous apprendrai rien en vous expliquant que le sexe et le bonheur en couple sont directement proportionnels. Les couples qui font l'amour plus souvent sont normalement plus heureux non seulement dans leur relation de couple, mais également dans la vie en général.

L'effort physique et les substances chimiques libérées lors d'une activité sexuelle ont un impact direct sur notre moral. L'amour et les sentiments éprouvés constituent une combinaison de stimulations électrochimiques quantifiables.

Non seulement nous produisons de l'endomorphine, l'hormone du bonheur, mais nous activons aussi nos trois cerveaux – reptilien, limbique et néocortex.

En fait, une fois les trois cerveaux activés, on a tout ce qu'il faut pour être heureux. Tout est mis en place pour le bonheur ; il suffit seulement de passer à table et de savourer les plaisirs de la vie.

Faire l'amour est d'abord et avant tout une relation entre deux personnes, et s'il y a de l'amour, c'est encore mieux. Déjà, en partant, être deux est merveilleux. Ensuite, il y a la phase des câlins qui font du bien, de l'amour qu'on s'offre en retour, de la créativité qui est exprimée. Il y a aussi tout cet abandon de soi et à l'autre qui nous rend vulnérables et qui nous procure du bonheur.

Dans la sexualité, il y a également de l'activité et on sait tous qu'être en mouvement nous procure du bonheur, bouger pour être heureux. Lorsque vient l'orgasme, une explosion de bonheur se déploie pour nous amener au septième ciel, et plus on en a plus on en veut.

Nous voulons tous du bonheur et nous recherchons le partenaire qui saura nous combler sexuellement, car une vie sexuelle épanouie est un accomplissement non négligeable dans un couple. Je ne crois pas que l'on puisse être heureux sexuellement avec n'importe qui. C'est une chimie, une entente, une compréhension, de la douceur pour certains et de la violence pour d'autres. Nos valeurs sexuelles ne sont pas toutes les mêmes. Nos limites sont aussi différentes d'une personne à l'autre. Nos peurs et nos croyances limitantes peuvent également jouer un grand rôle dans l'accomplissement d'une relation sexuelle épanouie.

La sexualité évolue aussi au sein d'un couple. Faire l'amour, c'est le terrain de jeu des adultes, et jouer rend heureux. Il suffit de regarder les enfants s'amuser pour bien comprendre ce principe.

**En laissant exprimer sa créativité,
en s'abandonnant complètement à l'autre,
en s'amusant avec des jeux de rôles,
on s'exprime par le jeu et c'est une source
de bonheur de plus dans notre vie.**

En fait, si l'on regarde toutes les facettes du bonheur que l'on retrouve en faisant l'amour, il est évident que la sexualité est parfaitement complète pour nous procurer du bonheur :

relation, câlins, activité, plaisir, créativité, abandon, amour, communication, etc.

C'est prouvé que les couples qui font l'amour plus souvent sont plus heureux et restent ensemble plus longtemps. Le couple, entité sexualisée, remplit alors sa fonction de rempart contre les difficultés de la vie qui vous fragilisent. Être à deux vous rend plus forts, être à deux vous rend plus heureux.

Bâtissons des couples forts et heureux en exploitant plus souvent la force de la sexualité. Vivez-la pleinement et amusez-vous longtemps et souvent. Cela vous aidera encore plus à être bien et heureux.

La sexualité, un outil indispensable au bonheur des couples et un atout non négligeable dans la poursuite du bonheur !

32

L'accomplissement crée le bonheur

Chronique parue sur la page Facebook de Live Happy : L'Info Bonheur, le lundi 4 juillet 2016.

Quel bonheur de rêver à un projet depuis des années et d'enfin sentir que celui-ci prend vie et qu'il sera bientôt réalisé !

Avez-vous, tout comme moi, des rêves enfouis très profondément en vous depuis votre tendre enfance ? Pensez-vous parfois ne pas être à la hauteur pour réaliser un de vos rêves ? Avez-vous le syndrome de l'imposteur face à ce désir ?

Je rêve d'écrire un livre depuis que je suis toute jeune. Je sais depuis toujours qu'un jour je serai une auteure populaire et que j'écrirai un livre à succès. Pourtant, j'ai toujours remis ce projet à plus tard en me disant que je n'étais pas à la hauteur et que j'avais des choses bien plus importantes à faire qu'écrire. Quand j'y pense, c'était un vrai non-sens, car l'écriture fait partie de mes passions profondes. Je ne vois pas le temps passer lorsque j'écris. Mes doigts pianotent sur le clavier de mon ordinateur à la vitesse des mots qui viennent dans ma tête. J'adore la magie qui naît des mots que j'inscris sur le blanc de ma feuille virtuelle.

Sachez que le fait d'accomplir quelque chose qui nous tient à cœur depuis la nuit des temps est un pur bonheur. Depuis que j'ai commencé à écrire mon livre et à le visualiser, à penser à mon plan, à ma page couverture, à mon titre, etc., je me sens encore plus heureuse qu'avant. Pourquoi ai-je attendu si longtemps avant de m'y mettre ?

Comme tout est parfait dans ce monde et que tout arrive au bon moment, je vous jure que mon livre aurait eu une allure bien différente si je l'avais commencé il y a quelques années. Avec tout le cheminement personnel que j'ai accompli depuis, toutes les expériences que j'ai accumulées, toutes les transformations qui sont survenues en moi et toutes les connaissances que j'ai acquises, mon livre sera encore plus beau et plus enrichissant pour vous qu'il l'aurait été il y a dix ans.

Alors, qu'attendez-vous pour passer à l'action et réaliser votre rêve ? Qu'attendez-vous pour faire jaillir en vous ce trésor enfoui qui n'attend qu'à être révélé à tout le monde et qui vous permettra de vous accomplir pleinement, de faire ce que vous aimez vraiment et de vivre un bonheur immensément grand, tel que vous le méritez ?

33

Le bonheur de se choisir en premier

Chronique parue sur la page Facebook de Live Happy : L'Info Bonheur, le lundi 24 juillet 2016.

Vous arrive-t-il vous aussi de passer plus de temps à faire plaisir aux autres et à les aider à réaliser leurs rêves qu'à prendre du temps pour vous et à réaliser vos propres rêves ?

La vie va très vite, et en donnant trop aux autres, vous allez vous réveiller un jour en vous disant que vous n'avez pas eu le temps, ou pas pu, ou pas été capable de faire telle ou telle chose qui vous tenait vraiment à cœur.

Il est vrai que ce n'est pas toujours facile de dire non à quelqu'un pour vous choisir en premier. Quels sont vos buts, vos rêves, et que devez-vous faire pour les réaliser ? Posez-vous cette question, et puis faites des choix alignés et en cohérence avec vos rêves. Soyez proactif : fixez-vous des objectifs et courez vers votre idéal de vie. Vous seul avez le pouvoir de changer les choses qui vous déplaisent dans votre vie. Prenez les rênes de votre vie, et vivez-la pleinement.

- Se choisir, c'est faire les choses que l'on aime et les placer dans notre agenda si rempli.

- Se choisir, c'est fixer nos priorités de vie : nos enfants, notre développement personnel, etc., et leur consacrer du temps également tous les jours.
- Se choisir, c'est devoir se séparer de gens de notre entourage qui sont toxiques pour nous, négatifs, et ne nous encouragent pas dans nos rêves et nos projets.
- Se choisir, c'est dire non temporairement à une vie de couple ou à certaines amitiés parce que nous devons prioriser nos projets, nos rêves, nos enfants, etc., afin d'atteindre nos objectifs de vie
- Se choisir, c'est apprendre à s'aimer et se donner de l'amour.
- Se choisir, c'est savoir ce qui est bon pour soi, par exemple : faire de l'exercice, bien manger, développer notre plein potentiel, rester positifs en toutes circonstances, être avec des gens qui nous stimulent, se donner le droit à l'erreur, se pardonner nos erreurs, aimer les gens qui nous entourent et toujours vivre dans l'amour au quotidien, faire des gros câlins plusieurs fois par jour et garder le cap sur nos objectifs de vie.

Pourquoi êtes-vous venu sur cette terre ? Le savez-vous vraiment ? Si oui, je suis vraiment contente pour vous. Sinon, je vous suggère de prendre le temps d'y penser. Alignez vos passions, vos valeurs, vos priorités et les choses dans lesquelles on vous dit que vous êtes super bon. En faisant un amalgame de ces choses, vous allez pouvoir mettre le doigt sur votre mission sur cette terre. Faites l'exercice, vous serez étonné des résultats.

Ensuite, mettez tout en jeu dans votre vie pour être le plus possible en cohérence avec la personne que vous êtes vraiment et qui est venue sur cette terre pour réaliser une mission précise dans sa vie. Des miracles se produiront. Toutes les choses vont s'arrimer afin que vous obteniez tout ce dont vous avez besoin pour être pleinement heureux et vivre dans la joie et le bonheur tous les jours de votre vie.

34

Le bonheur selon David Laroche

Chronique parue sur la page Facebook de Live Happy : L'Info Bonheur, le lundi 19 juillet 2016.

Selon David Laroche, il y a six ingrédients principaux pour être heureux ; voyons-les ensemble.

1. Tout d'abord, observez avec quelle sorte de lunettes vous regardez la vie et les événements de la journée. Choisissez de porter des lunettes positives et de voir la vie du bon côté. Toutes les situations ont deux facettes : on peut voir le côté sombre et triste d'un événement ou, au contraire, le bon côté, et ce, même dans l'adversité. Chaque enjeu est un tremplin pour vous permettre de vous élever et de grandir en tant qu'humain afin de devenir une meilleure personne. C'est le grand défi de la vie de grandir. Alors, remerciez même si c'est difficile. Vous serez surpris des résultats. Vous ne pourrez pas réaliser vos rêves si vous n'êtes pas prêt. Pour cela, vous devez vous améliorer, donc vous avez besoin de défis et d'obstacles.
2. Aimez vous relever. Devenez des machines à vous relever d'un échec, et de plus en plus rapidement. On dit souvent qu'il ne sert à rien de tomber si on ne sait pas se relever.

Vous croiserez toujours l'adversité toute votre vie. Apprenez à vous relever dans l'adversité : vous serez de plus en plus heureux.

3. Capitalisez sur vos forces. Quelles sont mes forces ? Posez-vous cette question afin de les déceler. Dressez-en la liste et mettez-les à contribution ; faites-en également profiter les gens qui vous entourent afin de les aider à réaliser leurs propres rêves. Vous pourrez ainsi concrétiser les vôtres. C'est en aidant les autres que l'on atteint soi-même le sommet des montagnes.

4. Plutôt que d'acheter des choses et des objets, achetez des expériences, à moins que les choses ne vous fassent vivre des expériences. Nous vivons dans un monde où il est facile d'acheter et de dépenser. Plutôt que de vous procurer un objet en particulier, achetez une sortie, un saut en parachute, un week-end en famille, une sortie entre amis, un souper dans un restaurant, etc. Toutes ces dépenses sont des expériences qui resteront gravées dans votre tête, et chacune d'entre elles vous fera grandir en tant qu'humain, qu'elle soit positive ou négative.

5. Cherchez le cadeau dans tout ce qui vous arrive. Vous verrez que la magie se produira. Un obstacle aujourd'hui est bien souvent un cadeau de demain. Il y a quelques années, mon patron m'a congédiée, à ma grande surprise. Je l'ai regardé droit dans les yeux et je lui ai dit merci. Il ne comprenait vraiment pas, et il m'a dit que jamais personne ne l'avait remercié après s'être fait licencier. Quelques jours plus tard, je trouvais un travail deux fois plus intéressant, qui m'offrait plus d'heures et qui était beaucoup mieux payé. Cherchez les cadeaux dans toutes vos expériences.

6. Développez la gratitude et devenez un champion du merci. La gratitude, c'est dire merci à tous, pour tout, et tout au long de la journée.
   - Merci de m'être réveillée ce matin.
   - Merci pour ce travail qui me rend heureuse.
   - Merci pour mes collègues si agréables.
   - Merci pour cette magnifique soirée passée en compagnie de mes enfants.
   - Merci pour ce souper concocté par mon fils et sa copine, et qui était succulent.
   - Merci pour le beau soleil aujourd'hui.
   - Merci pour mon ex ; il m'a permis de grandir, de devenir la personne que je suis et de connaître les gens que je connais aujourd'hui, et il m'a donné de magnifiques enfants.
   - Merci à ma mère qui met des défis sur mon chemin pour m'aider à grandir et à devenir la meilleure version de moi-même.
   - Merci à mes parents de m'avoir donné la vie.
   - Merci pour le bon petit déjeuner que j'ai la chance de pouvoir prendre ce matin.
   - Merci à vous tous de me lire et de me permettre de m'exprimer sur le clavier, car j'adore écrire.

Appliquez ces six règles dans votre quotidien : vous verrez des miracles se produire.

La vie est un miracle, et on le dit toujours à la naissance d'un nouveau-né. Continuez à semer du bonheur dans votre vie, et celle-ci continuera d'être un miracle.

35

Le bonheur et la santé

Récemment, j'écoutais une vidéo sur YouTube d'une entrevue de David Laroche où il parlait d'autoguérison. J'ai donc pris le temps de l'écouter et j'ai appris plein de choses intéressantes qui m'ont inspirée pour écrire ce court passage sur le bonheur et la santé.

La santé est à mon avis la chose la plus importante, car si nous la perdons, la vie dégringole assez vite. C'est pourquoi il faut en prendre soin de la même façon que nous prenons soin de toutes les autres facettes de notre vie. Bien manger et faire de l'exercice sont à la base d'une bonne santé, et vous le savez déjà. Il faut maintenant en prendre conscience et faire de bons choix réfléchis pour conserver notre santé.

Cependant, il y a aussi la santé émotionnelle qui est très importante, car elle est bien plus puissante que nous le croyons et nous avons tendance à la négliger en pensant que tout ira bien. Bonheur et stress étant deux ennemis, santé et stress le sont également, et ce dernier a un impact très grand sur notre santé. Donc, dans cette équation, être dans le bonheur est excellent pour notre santé puisque le bonheur est à l'opposé du stress. Il est impossible de vivre du bonheur en période de stress.

Voici les explications. Le stress est tellement puissant dans notre corps que lorsqu'il est présent, il prend toute la place ; nos cellules ne peuvent plus s'occuper de notre système immunitaire et ainsi faire leur travail pour nous protéger de la maladie. C'est pourquoi les personnes qui sont toujours stressées sont beaucoup plus souvent malades que les autres, en paix et heureuses. Eh oui, le stress est à l'origine de bien des maux chez l'être humain, et il ne faut pas le négliger. Nous devons ainsi absolument travailler à être heureux au quotidien et supprimer le plus possible toutes les sources de stress dans notre vie. Certains sont sûrement en train de dire : « Bien facile à dire, ma belle Lyne, mais tu n'es pas à ma place pour me dire cela ! Comment puis-je faire pour éliminer tout le stress dans ma vie ? »

Pour supprimer le stress de notre vie, il faut travailler sur notre bonheur, sur notre santé, sur l'amour de soi. Il faut se reconnecter à plus grand que soi et se donner le temps.

Faire des petits changements, un jour à la fois, pour vivre de plus en plus heureux, donc de plus en plus en santé et de moins en moins stressé : on travaille sur la paix intérieure et sur l'acceptation de ce que l'on ne peut pas changer.

Prenez soin de votre santé, offrez-vous le cadeau de bien manger et de faire du sport au quotidien. Cuisinez de bons petits plats maison, allez marcher en famille ou seul, faites en sorte que votre santé soit optimale et qu'elle vous apporte du bonheur tout en réduisant le stress en vous. Sortez dehors prendre l'air tous les jours, c'est bon pour votre santé.

Être en santé nous rend heureux et nous permet de vivre plus longtemps pour profiter de la vie et rendre d'autres personnes heureuses.

À votre santé, chin, chin !

36

Le bonheur est dans la simplicité

Je suis actuellement au camping de mon amie d'enfance, Christine, et je profite de la nature depuis tôt ce matin. Presque tout le monde dort encore, et comme tous les matins, je m'installe pour écrire une nouvelle portion de mon livre.

Les oiseaux chantent, le chien se promène, le calme règne autour de moi. Je respire la nature et me gonfle de belles respirations afin de me ressourcer encore toute la journée.

Je suis une fille de banlieue avec tout le confort que cela me procure, et rarement dans ma vie me suis-je retrouvée dans un camping.

Ma copine Christine est installée sur le terrain de ses parents depuis toujours, ils y viennent presque tous les week-ends de l'été. Cette fin de semaine, mes enfants et moi avons eu la chance d'y être invités et nous passons un séjour magnifique dans la nature.

Hier, les enfants se sont amusés en pédalo, ils se sont baignés au lac, ils ont été à la pêche et ont attrapé un gros achigan. Mon amie l'a ensuite fait cuire et ils l'ont savouré. C'était vraiment une belle expérience pour mon fils de pouvoir pêcher un poisson et de le manger dans les minutes qui ont suivi.

Ce sont ces moments tout simples qui nous font prendre conscience que le bonheur est d'une simplicité désarmante. Il est là, juste autour de nous, à tout moment, et on n'a qu'à le cueillir et à profiter du moment présent. Si vous vivez au présent et que vous êtes attentif aux moindres petites choses qui vous entourent et qui procurent du bonheur, vous serez des gens heureux. Regardez autour de vous. Cessez de vivre dans le futur et d'appréhender ce qui pourrait arriver ; concentrez plutôt toute votre énergie à être bien là où vous êtes.

Soyez dans la gratitude du moment.

Je passe un week-end extraordinaire chez mon amie avec mes enfants. Le temps n'a pas sa place ici. Nous vivons de beaux moments de bonheur. Nous discutons, profitons du soleil, de la nature et apprécions pleinement la vie.

Merci, la vie, et merci, Christine et Martin, de me permettre de profiter de ce bonheur avec vous. Je vous apprécie vraiment beaucoup, et ce, depuis les trente ans déjà que nous nous connaissons.

37

Le bonheur, ça se récolte

On entend souvent dire que le bonheur est à l'intérieur de nous, et c'est vrai. Le bonheur, c'est aussi un choix conscient que l'on fait par rapport à nous et aux événements qui surviennent tous les jours. Une vie sans obstacles, sans peines, sans embûches, sans petits drames n'existe pas. Le choix que l'on fait pour vivre du bonheur, même dans l'adversité, c'est d'observer ce qui *est* d'une façon constructive. J'ai voulu écrire « positive », mais ce terme n'est pas tout à fait juste. Oui, on peut voir le positif, mais parfois c'est difficile. Par contre, le mot « constructif » est plus approprié, car cela veut dire que malgré les obstacles, bien que je me sente mal, déprimé ou triste, je suis capable de voir que cette épreuve me fera grandir d'une façon ou d'une autre, afin que je m'approche de plus en plus de la meilleure version de moi-même.

La vie est une belle aventure, un chemin, une histoire, *a journey*, pour reprendre le terme anglais que l'on utilise souvent dans le réseau.

Cela veut dire que tout au long de ce parcours, il y aura plein de belles choses qui me rendront heureux, et également des défis de la vie qui vont me permettre de devenir une meilleure personne ; ainsi, grâce à mes expériences de vie, je pourrai aider le plus de gens possible à cheminer à travers la vie en leur donnant des outils, mes outils, ceux qui m'ont servi à me sortir de l'adversité.

Parfois, on peut se dire que la vie est injuste et se demander pourquoi c'est si difficile. Par contre, si nous sommes dans un état d'esprit positif et constructif, nous pouvons voir différemment les situations vécues.

Personnellement, j'ai eu une magnifique vie jusqu'à ce jour, et je suis certaine que ce qui s'en vient le sera tout autant, voire encore mieux, car j'ai énormément grandi lors de mon parcours de vie. J'ai eu mes défis et des choses qui se reproduisaient encore et encore, et presque toujours de la même façon. Je me disais que j'étais une bonne personne, je faisais des bonnes choses et je ne comprenais pas pourquoi je devais toujours repasser à travers le même chemin pour arriver à mon but.

Aujourd'hui, avec du recul et de la sagesse, j'ai compris une chose : ma mission sur cette terre est d'utiliser mon talent d'écriture et de communication afin d'aider le plus de gens possible à trouver des outils à leurs propres défis. Je veux qu'il y ait le plus de gens possible qui soient heureux autour de moi.

Hier, j'écoutais un CD et une phrase m'a inspirée. « Tu ne peux pas diriger un pays si tu ne peux pas diriger ta province ; tu ne peux pas diriger une province si tu ne peux pas diriger ta ville ; tu ne peux pas diriger une ville si tu ne peux pas diriger ta famille ; tu ne peux pas diriger une famille si tu ne peux pas diriger une personne ; tu ne peux pas diriger une personne si tu ne peux pas te diriger toi-même. »

Lorsque j'ai entendu cette réflexion, elle a pris beaucoup de sens dans ma tête. En fait, j'ai compris bien des choses ces dernières années.

J'adore enseigner aux gens, et vous savez que pour enseigner quelque chose il faut d'abord l'avoir appris, n'est-ce pas ? Une autre phrase me vient aussi à l'esprit en ce moment : c'est avec la répétition que l'on devient bon, il faut taper sur le clou, encore et encore, avant de bien assimiler un nouveau concept.

Rares sont les gens à qui l'on enseignera quelque chose une seule et unique fois et qui seront en mesure de l'enseigner à leur tour, sans faille, de façon claire et efficace. L'élève doit se faire répéter souvent les mêmes notions pour devenir meilleur.

Prenez le sport, par exemple. Afin de devenir un champion, il faut s'entraîner, et s'entraîner encore tous les jours. Tomber, se relever, tomber à nouveau, se faire mal parfois, continuer, avancer, trouver une autre façon de réussir, etc., et un jour l'athlète se retrouve aux Olympiques, gagne une médaille, et tout le monde le félicite.

Ma fille est une athlète et elle s'entraîne énormément pour atteindre ses objectifs d'aller un jour aux Olympiques ; elle est consciente que cela ne se fait pas tout seul. Elle est disciplinée, elle progresse, un pas à la fois, et un jour elle deviendra une vraie championne dans sa discipline, car elle aura fait les bonnes choses pour y arriver et elle aura affronté l'adversité à plusieurs reprises.

Vous vous demandez sûrement où je m'en vais avec tout cela. Je veux faire un parallèle avec mon cheminement personnel. Au cours de ma vie, j'ai souvent eu à surmonter les mêmes obstacles, et chaque fois j'ai cherché des solutions, je me suis réajustée, et ça ne fonctionnait toujours pas. Je me suis encore améliorée, et j'ai souvent vécu des déceptions. En fin de compte, j'ai appris beaucoup de choses sur la vie, sur l'être humain, sur moi, et aujourd'hui, à travers toutes ces expériences, je suis en mesure de pouvoir aider des gens à trouver le bon chemin plus rapidement que moi.

L'accumulation de mes souffrances et de mes expériences, l'adversité, les murs que j'ai dû franchir sont aujourd'hui mes amis, car ils m'ont aidée à grandir, à tendre de plus en plus vers la meilleure version de moi-même.

Si vous êtes comme moi, et que vous trouvez que la vie est injuste avec vous car elle vous ramène toujours au même endroit, dites-vous plutôt que vous avez quelque chose à apprendre à travers cela et que vous devez continuer à chercher des outils pour vous améliorer.

Lorsque vous aurez franchi tous ces obstacles, vous en sortirez plus grand, et vous pourrez aider plein de gens qui vivent les mêmes défis que vous.

Comment pourrais-je être en train d'écrire ce livre si je n'avais pas passé à travers toutes mes expériences de vie, belles ou moins belles ? Je ne peux enseigner quelque chose que si je l'ai d'abord appris moi-même.

Aimant écrire, lire, apprendre, enseigner et m'améliorer depuis toujours, tout en cherchant des solutions pour moi et pour les autres, je sais maintenant avec certitude que ma mission est d'avoir appris par l'expérience, la lecture, les formations, le marketing relationnel, afin qu'aujourd'hui je puisse écrire sur le sujet et me réaliser dans un travail que j'adore.

Parfois, le chemin est plus long et compliqué qu'on le voudrait bien : parsemé de détours, de routes en gravier, de montées abruptes, d'orages violents, mais après le brouillard il y a le soleil ; même si les mauvais jours peuvent revenir, cela n'altère en rien la beauté du paysage lorsque le soleil est là.

Aujourd'hui, j'apprécie tant une journée de pluie qu'une autre, ensoleillée, car je sais que la pluie va cesser et que le soleil reviendra toujours aussi chaud et radieux qu'il sait l'être. La pluie nourrit le sol et nous permet d'avoir une belle végétation pour nous nourrir et faire grandir la vie ; le soleil, quant à lui, est également nécessaire après la pluie, car la végétation ne serait rien sans la pluie et le soleil.

Je fais maintenant le parallèle avec notre vie. Les journées plus difficiles sont là pour nous faire grandir et cheminer, tandis que les belles journées sont là pour nous donner du bonheur et de l'énergie pour continuer. L'une ne va pas sans l'autre, car sinon on ne grandirait pas et la vie serait monotone.

Je ne crois pas que le paradis soit un décor toujours ensoleillé, chaud, où tout le monde est gentil, où tout le monde a de quoi manger, où tout le monde a de l'argent.

En résumé, accueillez l'adversité comme une leçon de vie, ne résistez pas aux défis, faites ce que vous avez à faire vous-même, en tant que personne consciente, afin de vous transformer telle une fleur qui grandit grâce au soleil et à la pluie. Votre vie sera ainsi de plus en plus belle. Vous vivrez de plus en plus de bonheur ; vous pourrez ensuite le semer et le partager autour de vous.

Le bonheur est contagieux, un sourire ouvre les cœurs, une personne heureuse inspire les autres. Soyez vrai, soyez heureux, soyez responsable de grandir et de partager vos recettes de bonheur avec ceux qui sont dans l'adversité. En semant du bonheur autour de vous, vous en récolterez de plus en plus.

Soyons le changement, un jour à la fois.

38

Le bonheur, c'est d'apprendre à aimer les défis de la vie

Actuellement, la vie me teste: elle me demande d'être forte et de relever des défis personnels. Tout au long de notre existence, nous aurons des défis à surmonter et des obstacles auxquels il faudra faire face. La vie n'est pas un long fleuve tranquille, et la mienne est vraiment loin de l'être.

Nous avons tous nos défis à relever, et parfois même il nous en arrive plusieurs en même temps; sachez cependant que nous recevons toujours des défis que nous sommes capables de relever.

Tout d'abord, il faut se poser une question: « Qu'est-ce que j'ai à apprendre dans ce qui m'arrive? Peut-être que ce cadeau caché se révélera finalement une chance qui m'aura permis de vivre une belle expérience. »

Les plus belles réalisations demandent les plus grands efforts, et c'est dans l'adversité que nous devenons plus forts et que nous nous transformons pour devenir encore meilleurs.

Lorsqu'un obstacle survient, on a naturellement tendance à se replier sur soi-même et à pleurer. Eh bien, c'est tout le contraire que l'on devrait faire. Essayez de consacrer le moins d'énergie possible dans ce qui vous arrive ou dans ce que vous ne voulez absolument pas qu'il vous arrive. Pourquoi ? Parce que ce sur quoi je concentre mon attention prendra de l'expansion. Donc, si je pense continuellement à ce que je ne veux pas avoir dans ma vie, c'est certain que je le recevrai.

Je sais que ce n'est pas facile de ne pas penser à ce que nous ne voulons pas, et c'est ça le défi. Rester positif dans l'adversité et être en mode solution, se donner de l'amour, ne pas tomber dans la culpabilité : voilà de bonnes attitudes à adopter.

Vous vous dites sûrement que vous avez besoin d'outils pour passer à travers cet épisode difficile !

En ce moment, je vis moi-même un très grand défi, et le fait d'écrire sur le bonheur m'aide beaucoup, car je dois rester en cohérence avec ce que je vous enseigne et garder le cap. Enseigner, c'est apprendre une deuxième fois. Il n'y a rien de mieux pour apprendre quelque chose et l'ancrer profondément que de l'enseigner à l'autre. En plus, on se doit d'appliquer ce que l'on enseigne, sinon c'est de la tricherie.

Parfois, le cadeau est difficile à voir, car on se trouve devant un arbre collé sur le nez, et cela nous empêche de voir toute la forêt.

Il faut absolument trouver le cadeau. Ce ne sera peut-être pas ce cadeau-là qui arrivera, mais il nous faut en trouver un. C'est-à-dire essayer de voir un peu plus loin et imaginer dans notre tête comment cet événement pourrait se transformer en quelque chose de positif dans notre vie, dans les semaines ou mois à venir. Avec de l'imagination, il y a toujours une petite porte entrouverte avec un peu de lumière, et il faut l'ouvrir.

Notre esprit est bien plus puissant que l'on peut le croire. Notre potentiel est illimité, et nous pouvons faire arriver tout ce que nous voulons grâce à notre esprit. Croyez-le.

C'est pourquoi il faut avoir une image positive de ce que pourrait devenir notre défi. Avec cette image en tête, il nous sera possible de nous concentrer sur ce que la vie nous envoie et donc de transformer un défi difficile, triste et malheureux en une occasion intéressante.

Je vous donne un exemple. Vous perdez votre emploi et vous êtes la seule personne à subvenir aux besoins de votre famille. Pas facile ! J'ai déjà été dans la même situation et j'avais même remercié mon employeur de m'avoir congédiée. Il était déstabilisé. J'étais malheureuse dans ce travail et, à l'intérieur de moi, je songeais à partir. Pourquoi ? Je me disais que je pouvais faire mieux avec les connaissances que j'avais, que je pouvais avoir des horaires de travail bien plus agréables, que je pouvais gagner plus, mais je n'osais pas partir car j'y étais quand même à l'aise. Est-ce qu'il vous arrive, vous aussi, de ne pas être très bien quelque part mais d'y rester quand même pour la sécurité que cela vous apporte ou pour les jugements que l'on pourrait vous porter ? Je suis certaine que oui.

Donc, le fait de perdre mon emploi m'a obligée à sortir de ma zone de confort et à chercher un nouveau travail. Moins de deux semaines plus tard, j'avais un poste mieux rémunéré et beaucoup plus en lien avec mes compétences. Sans ce congédiement, je serais sûrement restée dans mon confort à me plaindre de ce que je n'avais pas. Finalement, mon licenciement a été un cadeau de la vie qui m'a poussée à me dépasser.

Il est certain que j'aurais pu me morfondre chez moi, me plaindre et pleurer toute la journée, mais qu'est-ce que ça aurait changé ? Rien d'autre que de me convaincre que je faisais pitié.

Notre bonheur nous appartient ; à nous de nous prendre en main et de faire ce qu'il faut pour être heureux.

En ce moment, j'ai des choses à transformer en moi. Il m'arrive des petits défis et je dois passer à travers afin d'en sortir plus forte et ne plus avoir à vivre ce genre d'obstacle. Il y a un message à comprendre dans tout. Parfois il est plus difficile à trouver, et souvent la réponse est bien cachée tout au fond de nous, de notre cœur. Il faut vraiment prendre le temps de s'arrêter et se poser ces questions : Pourquoi est-ce que je vis cela en ce moment ? Qu'est-ce que je dois apprendre dans cette leçon de vie ? Il faut souvent du temps pour trouver les bonnes réponses, mais l'important est de s'en occuper. Il faut passer à l'action afin de faire arriver les choses et de provoquer le changement.

En accueillant les défis comme un cadeau de la vie, nous devenons des personnes de plus en plus conscientes et de plus en plus heureuses. Nous atteignons nos objectifs un pas à la fois en changeant une chose à la fois. La vie est trop belle pour s'apitoyer sur son sort. Prenons notre bonheur en main et allons de l'avant.

39

Êtes-vous fait pour le bonheur ?

Chronique parue sur la page Facebook de Live Happy : L'Info Bonheur, le vendredi 19 août 2016.

Êtes-vous un bleu ou un jaune ? Personnellement, je suis une jaune, car peu importe où je suis et avec qui je suis, je trouve du bonheur et je suis heureuse.

Effectivement, on n'a pas toujours envie d'être à un endroit en particulier ou faire une chose ou l'autre. Mais serait-il possible d'adopter un état d'esprit positif et heureux en permanence ?

Bien sûr qu'il y aura toujours des moments plus difficiles, mais tout est une question d'attitude. Vous pouvez être heureux n'importe où si vous le décidez, croyez-le ou non, c'est comme ça.

Nous avons le choix d'être bien dans notre moment présent, peu importe les événements qui se produisent.

Par exemple, mon père vient de se faire opérer pour le cœur. C'était un événement difficile pour moi, car j'aime énormément mon père et on espère toujours que tout ira bien. Cependant, la vie étant ce qu'elle est, et surtout elle est si fragile, il y a toujours une petite inquiétude qui nous ronge l'esprit durant une telle opération.

Or, je suis toujours restée constructive et je regardais le chemin en avant, avec la vision que mon père irait tellement mieux après son opération. Lorsque j'allais le visiter, j'aurais pu me dire : « Mon pauvre papa, regarde comme il fait pitié avec tous ces fils partout, etc. »

Au contraire, j'étais heureuse de passer du temps avec lui. Je ne m'inquiétais pas pour ce qui pourrait arriver, je remerciais la vie parce qu'au moment où j'étais avec lui il était là, présent avec moi. On discutait de plein de choses intéressantes, je profitais énormément du moment présent. Je suis toujours restée positive face à cette situation et aujourd'hui, heureusement, il va super bien et nous sommes vraiment contents. Merci, la vie !

Je connais des gens qui sont incapables de voir le positif. Dès que quelque chose arrive dans leur vie, ils voient cela comme un drame et ils visualisent la situation la plus horrible qui pourrait survenir. Même si le présent est passablement positif, ils pensent tout de même aux malheurs qui pourraient s'abattre sur eux. Ils dorment mal, sont angoissés, tristes et malheureux tant et aussi longtemps qu'ils ne sont pas sortis de cette situation.

Soyez jaune, soyez le soleil, rayonnez partout où vous allez et illuminez la vie des gens qui vous entourent. Vous vivrez une vie bien meilleure, vous ferez du bien autour de vous, les gens auront envie de vous côtoyer, vous attirerez à vous tout ce dont vous avez besoin et des personnes positives qui pensent comme vous. Votre vie sera plus belle, plus agréable, vos relations en famille, en couple, au travail seront douces. N'est-ce pas ce que vous aimeriez, une vie heureuse à tous les points de vue ? Voyez les défis comme des cadeaux emballés que vous découvrirez plus tard quand le moment sera venu.

Il ne tient qu'à vous d'adopter l'attitude qui convient pour pouvoir accueillir cette vie remplie de bonheur.

Vous êtes la source de votre bonheur. Le bonheur est à l'intérieur de vous. Il est là, ici, maintenant, dans l'attitude que vous décidez d'avoir devant tous les événements de votre vie et dans la joie que vous procure votre moment présent.

Hier fait partie de l'histoire. *Demain* demeure un mystère. *Aujourd'hui* est un cadeau. C'est pour ça qu'on dit que c'est le PRÉSENT !

Profitez de votre moment présent, quel qu'il soit. Soyez bien et heureux dans chaque épisode de la journée, de votre vie. Remerciez pour ce que vous avez. En appréciant les choses du moment, nous sommes toujours heureux.

- Merci pour cette belle journée qui s'annonce ensoleillée et pleine de surprises.
- Merci pour ce bon café ce matin.
- Merci pour ce moment de calme que je vis en ce moment en train de faire ce que j'aime : écrire.

Être heureux, ça s'apprend et c'est possible. On développe ce réflexe d'être bien au moment présent et de ne pas toujours chercher le bonheur ailleurs, dans ce qui pourrait être plutôt que dans ce qui est.

Aujourd'hui c'est vendredi, et pour bien des gens il est beaucoup plus facile d'être heureux le vendredi que le lundi. Le lundi matin, je suis toujours tellement reconnaissante de me rendre au travail, car je fais ce que j'aime, cela me rapporte un bon salaire, me permet de fournir à mes enfants ce dont ils ont besoin. De plus, je peux contribuer à la réussite de l'entreprise pour laquelle je travaille. Je suis heureuse de retrouver mes collègues pour leur raconter ma fin de semaine et entendre la leur. Croyez-moi, il est toujours possible d'être heureux à tous moments. Le secret, pour être bien et heureux au moment présent, c'est tout simplement d'avoir de la gratitude. Bonheur et gratitude vont de pair. Pour être heureux, il faut apprécier le moment, et apprécier veut dire avoir de la gratitude.

Apprenez à dire merci à tous et à devenir des personnes reconnaissantes à tous moments. Vous serez surpris de voir comment votre vie pourra changer.

Le bonheur est un état d'esprit. Soyez heureux !

40

Le bonheur de se fixer des objectifs

Vivre la vie dont on a envie et faire ce que l'on désire est une des façons d'être heureux. En fait, l'humain est heureux lorsqu'il sent qu'il est à la bonne place et qu'il se sent bien là où il est.

En d'autres mots, il vaut mieux être moins riche et se consacrer à ce que l'on aime, être avec les personnes que l'on a choisi d'aimer que de faire des choses qui nous rendent indifférents et avec des gens qui ne nous ressemblent pas.

Pour être heureux, il faut savoir rêver, se fixer des objectifs pour parvenir à ses rêves et travailler en vue de les atteindre.

Faire une action tous les jours pour poursuivre nos objectifs de vie rend fondamentalement heureux, même si ceux-ci ne sont pas toujours atteints. C'est comparable à l'organisation de nos prochaines vacances. Faire des recherches tous les jours pour organiser un prochain séjour est tout aussi agréable que le voyage en soi, car nous sommes dans un état de bien-être à préparer nos objectifs de vacances afin qu'elles soient le plus réussies possible et qu'elles nous apportent une grande satisfaction. Or, dans le même ordre d'idée, il est très satisfaisant de travailler à l'atteinte de nos objectifs de vie, et cela nous rend très heureux.

Pour ce, il faut commencer par savoir ce que l'on désire dans la vie. Qu'est-ce qui nous rendrait vraiment très heureux et satisfaits de notre vie? Quelles sont les choses, les actions, les activités, les réalisations pour lesquelles nous avons envie de déployer des efforts pour les atteindre? Écrivez vos objectifs pour ces huit sphères de votre vie:

- Famille et relation amoureuse;
- Vie professionnelle;
- Finances;
- Foi et spiritualité;
- Amis et vie sociale;
- Santé physique;
- Santé affective et mentale;
- Contribution à la société.

Commencez par vous fixer des objectifs dans chacune de ces sphères et concentrez-y vos énergies.

Pour ce faire, vous devez vous poser la question suivante: «Qu'est-ce qui me rendrait vraiment heureux en couple et en famille, dans ma vie professionnelle, sur le plan financier, dans l'atteinte de la paix intérieure, avec mes amis et dans mes loisirs, dans mon état d'être physiquement, dans mon état d'esprit en général, dans ma façon de contribuer en redonnant au suivant?» Évaluez vos besoins, et faites de petits pas un jour à la fois pour y parvenir. Planifiez des actions tous les jours afin de vous mener graduellement dans la bonne direction.

Un petit pas tous les jours, c'est facile à atteindre et donne une grande satisfaction de réussite et d'atteinte de nos objectifs. Rappelez-vous le bonheur que procure l'organisation de nos prochaines vacances. Être dans le processus nous comble de bonheur, car c'est la lumière au bout du tunnel.

Ensuite, planifiez dans votre agenda, tous les jours ou toutes les semaines, du temps pour travailler sur vos objectifs.

- Vous voulez écrire un livre ? Commencez à y travailler tous les jours, et fixez-vous un nombre de mots à écrire chaque jour.
- Vous voulez perdre cinq kilos ? Déterminez la date à laquelle vous voulez avoir atteint votre poids désiré, et voyez ce que vous pouvez faire tous les jours pour y parvenir, une petite bouchée à la fois.
- Vous désirez rencontrer la personne de vos rêves ? Faites une petite action tous les jours pour aller vers de nouvelles personnes intéressantes. Créez des liens.
- Vous voulez améliorer votre relation de couple ? Posez une petite action tous les jours dans l'amour pour rendre votre relation agréable. Rappelez-vous que nous sommes dans un système, et qu'il nous suffit de changer une petite chose pour que le reste change automatiquement autour de nous. Une action positive dans la bonne direction, et vous atteindrez votre objectif plus vite que vous le croyez.
- Vous aimeriez avoir un travail mieux rémunéré qui vous procure plus de satisfaction et qui vous valorise ? Prenez du temps tous les jours pour chercher un nouveau travail ou pour vous former dans une discipline qui vous permettra de vous réaliser davantage sur le plan professionnel, ou encore de bien comprendre qui vous êtes et quel emploi vous conviendrait le mieux.

Désirer quelque chose et se plaindre de ne pas l'avoir est le meilleur moyen pour être malheureux. La clé est d'observer ce qui ne nous convient pas, de nous demander ce qui pourrait nous rendre plus heureux, ensuite ce que nous devons faire, un pas à la fois, pour atteindre nos buts. Quelles sont les personnes en mesure de vous aider ? Allez les chercher, établissez de nouveaux contacts, soyez dans l'action, élaborez des plans et tenez-vous-y : vous verrez que votre vie ira de mieux en mieux chaque jour, chaque semaine et chaque mois, et dans un an vous aurez constaté un réel changement vers l'amélioration de votre qualité de vie.

Mais tout cela commence par une prise de conscience, un questionnement, un plan et des actions tous les jours et dans tous les domaines qui vous préoccupent.

Vous verrez aussi, en cours de processus, qu'il faudra vous réévaluer au fur et à mesure de votre cheminement. D'abord, parce qu'il est très motivant de voir que nous faisons des progrès et que nous sommes dans la bonne direction ; ensuite, il est peut-être pertinent de nous assurer que nos actions nous mènent vers nos buts afin de nous recentrer, le cas échéant, si nous faisons fausse route. Il est possible de se tromper, et ce n'est pas grave. Le plus important est de s'en rendre compte, de comprendre le positif que l'on a acquis dans cette voie et de déployer nos énergies à la bonne place pour les journées à suivre. Continuez votre chemin, un jour à la fois.

Vous serez surpris de constater votre niveau de bonheur au quotidien à travers ce processus d'atteinte de vos objectifs. Le fait de travailler sur un projet qui nous tient à cœur nous rend heureux à l'intérieur.

- Travaillez à l'amélioration de la qualité de votre vie de couple.
- Propagez de l'amour dans votre famille.

- Améliorez vos finances par de petites actions simples.
- Méditez pour être en paix.
- Sortez avec vos amis, ou faites-vous des amis si vous n'en avez pas.
- Allez faire du sport.
- Engagez-vous dans le bénévolat ou donnez à ceux qui en ont besoin.
- Trouvez un travail dans lequel vous pouvez vous réaliser.

Pour terminer cette rubrique, je veux simplement rappeler une fois de plus que le bonheur n'est pas une destination. Lorsque vous aurez atteint vos objectifs, vous serez heureux et vous devrez encore et encore vous en fixer des nouveaux. Vous continuerez alors d'avancer, un pas à la fois. L'être humain est ainsi fait : il ne peut se satisfaire éternellement d'un état de confort ou de bonheur. Il doit grandir et évoluer vers de nouveaux horizons.

**Entreprenez aujourd'hui votre escalade
vers de meilleurs jours plus heureux
et ne regardez jamais en arrière.
Continuez toujours d'avancer,
un pas en avant, jour après jour.**

Devenez la meilleure version de vous-même et aidez les gens autour de vous à être de meilleures personnes. Ainsi, vous serez beaucoup plus heureux d'année en année.

41

Le bonheur, c'est vivre selon ses valeurs

Lorsque j'étais au cégep, j'avais des cours de philosophie, comme tout le monde, et j'étais vraiment mauvaise dans cette matière.

Je me souviens d'un cours où le prof nous parlait de l'importance de certaines valeurs, et croyez-le ou non, à cette époque, je n'avais absolument aucune idée de ce qu'était une valeur. J'essayais pourtant de comprendre, mais c'était vraiment flou dans ma tête.

Peut-être que certains se reconnaissent aussi là-dedans, mais moi j'étais perdue.

Aujourd'hui, les valeurs sont devenues tellement importantes pour moi, elles sont même la ligne directrice et conductrice de ma vie. Selon moi, nous ne pouvons pas être heureux si nous sommes continuellement en train de vivre sans tenir compte de nos propres valeurs.

Qu'est-ce qu'une valeur ?

- Au sens financier, c'est le caractère mesurable prêté à un objet en fonction de sa capacité à être échangé ou vendu ; prix correspondant à l'estimation faite d'un objet.

- Au sens sociologique, c'est une croyance durable selon laquelle un mode spécifique de conduite ou un but de l'existence est personnellement et socialement préférable à d'autres conduites ou buts.

En fait, une valeur, c'est l'importance personnelle que l'on donne à une façon d'agir, ou encore une direction dans notre vie à laquelle on veut donner plus d'attention qu'à une autre. La liste des valeurs est très longue et diffère totalement selon les mœurs, les coutumes, l'éducation, le sexe, les croyances, l'état d'esprit, l'intelligence, la conscience, etc.

Dans cette liste, on retrouve des valeurs telles que la famille, l'argent, le respect, les bonnes manières, le plaisir, la spiritualité, le travail, l'amour, la santé, la fidélité, la liberté, la justice, etc.

Aujourd'hui, il est essentiel de se pencher sur cette question et de trouver quelles sont nos valeurs fondamentales. Il est important de prendre le temps d'en dresser la liste et d'établir les cinq valeurs qui nous tiennent vraiment à cœur.

Pour ce faire, je vous suggère tout d'abord de dresser une liste aussi longue que possible de toutes les valeurs auxquelles vous adhérez. Vous en trouverez une panoplie dans Internet pour vous inspirer.

Ensuite, une fois que votre liste sera terminée, faites un petit jeu du combat des valeurs. Prenez deux valeurs à la fois et demandez-vous laquelle d'entre elles a le plus d'importance à vos yeux. Dans une situation difficile, du côté de quelle valeur votre décision pencherait-elle? Mettez la gagnante de côté, choisissez deux autres valeurs au hasard, et recommencez le processus jusqu'à ce que vous les ayez toutes passées.

Vous serez alors en demi ou en quart de finale du jeu. Prenez les valeurs gagnantes, et refaites le même exercice. Continuez jusqu'à ce qu'il ne vous en reste que cinq. Vous pouvez même aller plus loin et chercher *la* valeur qui remporte le combat, celle qui vous tient vraiment plus à cœur que toutes les autres, celle qui vous pousse à vous dépasser.

Puis, avec vos cinq valeurs principales, faites un second exercice. Pensez aux différentes sphères importantes de votre vie et demandez-vous si vos valeurs sont respectées, par exemple, dans votre travail, avec votre conjoint, dans votre famille, avec vos amis.

Voici un exemple. Vos valeurs sont la justice, le plaisir, la fidélité, la famille et l'accomplissement de soi. Mais votre conjoint ne rit jamais et ne veut jamais avoir du plaisir, il n'aime pas votre famille et il ne veut jamais que vous l'invitiez, il est injuste avec vos enfants, il vous trompe, il vous empêche de vous réaliser sur le plan professionnel. Ces attitudes ne correspondent pas à vos valeurs.

C'est une grosse caricature, bien sûr, et je vous souhaite de ne pas être dans une relation où vos valeurs ne sont pas respectées, mais somme toute, faites l'exercice pour savoir si vous êtes aligné avec vos valeurs dans les sphères importantes de votre vie. Sinon, vous ne pourrez jamais être heureux dans un travail ou une relation de couple qui ne correspond pas à vos valeurs. C'est primordial pour votre bonheur.

42

La sérotonine : la molécule du bonheur

Lorsque l'automne et l'hiver approchent, la déprime saisonnière guette beaucoup de gens. On le sait, plus la sérotonine est présente dans notre corps, plus nous serons heureux. Mais comment activer cette hormone et en produire en abondance ? Voici quelques trucs simples pour vous aider.

Tout d'abord, il faut commencer par ajuster notre alimentation.

- Éviter les sucres simples (bonbons, gâteaux, boissons gazeuses, pain blanc, riz blanc, pâtes, etc.) et augmenter les sucres complexes (légumes frais et secs, féculents, riz, pâtes et pain bruns).
- Éviter les boissons énergétiques et la caféine le plus possible.
- Prendre des oméga 3 ; on en retrouve dans le poisson, les noix, les bonnes huiles et les graines de lin.
- Manger du chocolat noir, c'est tellement bon !
- Prendre du resvératrol en quantité suffisante. Ce dernier se trouve dans le vin rouge, mais j'ai aussi découvert un produit magnifique qui procure une dose de resvératrol

équivalant à 186 bouteilles de vin rouge, et cela, en une seule dose. Vous pouvez commander ce produit à l'adresse suivante : https://livehappy8.jeunesseglobal.com/fr-CA/reserve. Une saveur exquise et un effet bénéfique à plusieurs points de vue dans votre vie. Je vous le recommande vraiment.

Faire du sport. Eh oui, mais une activité qui nous rend heureux, sinon cette hormone ne sera pas stimulée. Ou encore marcher, à raison de trente minutes par jour.

Le soleil, quelle belle façon de faire le plein de sérotonine ! Sortez dehors et profitez de la lumière du jour pour activer le bonheur. Durant les jours plus courts, une lampe de luminothérapie peut aussi aider ceux qui ont besoin de plus de soleil que les autres.

Éviter le stress. Pas toujours facile à faire ! Voici donc quelques trucs qui peuvent vous aider à diminuer votre taux de stress :

- Méditer : http://www.francoislemay.ca/#!academie-kaizen/c1a95.
- Pratiquer la respiration profonde, ou cohérence cardiaque : https://www.youtube.com/watch?v=DfZXOBsWbi8.
- Faire du yoga.
- Faire des exercices d'art et stimuler sa créativité.
- Se faire masser.

Un dernier truc pour faire augmenter votre sérotonine : penser à de bons souvenirs. Oui, devenez une machine à créer de bons souvenirs et pensez-y sans arrêt. Vous allez ainsi produire beaucoup de sérotonine et devenir de plus en plus heureux. N'est-ce pas le but recherché dans la vie ? C'est vraiment indispensable d'être heureux et de travailler non seulement pour le devenir, mais aussi pour le rester et pour aider les gens autour de nous à le devenir eux aussi. Là est ma mission de vie.

Je vous souhaite une vie remplie de bonheur et joie.

43

Le bonheur, c'est d'être cohérent

Vous êtes-vous déjà demandé comment on peut être heureux si on n'est pas cohérent? Cohérent avec quoi?, me direz-vous. Cohérent avec nos valeurs, cohérent avec nos idées, cohérent avec nos paroles. En d'autres mots, il faut que «les bottines suivent les babines». C'est ce que je veux dire par «être cohérent».

À cette époque où la croissance personnelle est de plus en plus populaire et où de plus en plus de gens s'y intéressent, plusieurs apprennent, enseignent ou disent des choses qu'ils n'appliquent pas eux-mêmes.

Tout au long de ce livre, vous avez entendu très souvent que le bonheur commence à l'intérieur de soi. Nous sommes remplis d'informations que nous trouvons justes et que nous avons envie d'appliquer dans notre quotidien pour nous aider à devenir une meilleure personne, et plus heureux.

Je rencontre parfois des gens qui connaissent les clés du bonheur, qui les enseignent autour d'eux, mais ils ont souvent de la difficulté à les appliquer dans leur propre vie!

Cette cohérence doit se retrouver dans toutes les sphères de votre vie. Soyez cohérent dans votre vie professionnelle, c'est-à-dire faites un travail qui est aligné avec vos valeurs;

soyez cohérent dans votre couple ; soyez cohérent dans le choix de vos amis.

Si vous êtes une personne ouverte, qui aime grandir, avoir du plaisir, partager ses idées, vous ne serez pas heureuse avec des gens rigides, toujours dans le jugement et qui ne savent pas avoir du plaisir car ils sont toujours pris dans leurs problèmes.

Choisissez votre vie en cohérence avec la personne que vous êtes. Soyez dans l'action et restez ouvert à de nouveaux projets dans lesquels vous serez bien.

Nous avons souvent peur de laisser partir les choses, car nous n'aimons pas l'insécurité, et c'est normal. Seulement, vous allez rapidement redevenir stable en vous concentrant sur vos buts et sur ce qui vous appelle pour être en cohérence avec votre moi intérieur. Faites-lui confiance, car il sait très bien mettre sur votre chemin les occasions favorables qui vous rendront plus heureux. Restez ouvert à de nouvelles aventures et faites des choix cohérents pour devenir bien avec vous-même.

Faites ce qui vous tient à cœur. Si une parole, une recette, une citation vous inspirent, appliquez-les dans votre vie. Intégrez-les à vos habitudes : vous en obtiendrez rapidement les bienfaits.

Vous avez appris et lu beaucoup de choses dans ce livre. Vous ne pouvez pas tout appliquer du jour au lendemain, et il y a des passages qui ne vous ont peut-être pas du tout interpellé. Cependant, gardez quelques éléments qui vous inspirent plus que les autres et essayez de les appliquer dans votre quotidien. Un pas à la fois, et votre vie changera. Vous n'avez pas idée du potentiel du petit pas, jour après jour, d'être dans l'action. Après un an, vous aurez atteint vos objectifs et vous pourrez ensuite vous en fixer des nouveaux.

J'ai écrit ce livre un jour à la fois, un chapitre à la fois, et après trois mois je l'ai terminé et j'ai déjà commencé à penser au suivant.

J'aime écrire depuis toujours, et maintenant j'ai ancré l'habileté et la discipline d'écrire un peu tous les jours, et j'adore cela. Je me sens cohérente avec qui je suis, avec qui je veux être. Je suis une personne extravertie avec un côté introverti, car j'adore me retrouver seule pour écrire, méditer, lire, etc. Je veux vivre la vie de mes rêves, et pour cela je dois être en cohérence avec qui je suis, et comme par magie cela m'apportera beaucoup de bonheur.

Je suis également une femme qui adore les gens. J'aime être entourée non seulement de ceux que j'aime, de ma famille, de mes amis, mais aussi d'étrangers pour faire leur connaissance. J'aime aider les gens, et grâce à ce livre et à mes conférences, je peux m'épanouir dans mon travail.

Qui êtes-vous vraiment à l'intérieur de vous ? Qu'aimez-vous beaucoup faire depuis toujours, mais que vous ne vous autorisez pas à faire parce que c'est une perte de temps, parce que ce n'est pas payant, parce que vous avez peur du jugement, etc. ?

Laissez-vous inspirer par votre esprit intérieur et allez puiser vos ressources infinies pour vous propulser vers le bonheur, vers *votre* bonheur, afin de vivre la vie de vos rêves. En étant cohérent dans toutes les sphères de votre vie et en vous laissant inspirer tous les jours par ce qui vous habite pleinement, vous n'aurez pas d'autre choix que de vivre du bonheur tous les jours.

Faites ce que vous aimez, passez du temps avec vos proches, soyez vrai, soyez vous-même, osez le changement, osez vous choisir en premier pour vivre en cohérence avec vous-même. Si vous faites toujours ce qui vous déplaît, que vous êtes avec des gens qui vous dérangent et que vous connaissez les réponses à votre bonheur, mais que par peur du jugement ou toute autre peur ou négligence vous ne les appliquez pas, vous n'êtes pas en cohérence avec vous-même et il vous sera très difficile d'être heureux dans ces conditions-là.

Être présent pour les autres et donner sa vie aux autres rend heureux un moment, jusqu'au jour où on devient frustré de ne pas s'être occupé de son propre bonheur.

On a parfois peur de paraître égoïste, mais si vous commencez peu à peu à prendre votre bonheur en main, un petit pas à la fois, vous constaterez, dans un an, une grande différence dans votre vie et vous serez plus heureux.

Vivre en cohérence avec soi-même : une vérité pour être heureux.

44

Le bonheur est dans l'acceptation

Accepter, quel défi ! Accepter la différence, accepter ce qui nous arrive, accepter qui nous sommes, accepter les gens comme ils sont. L'acceptation est un défi quotidien auquel nous faisons face, et pourtant nous devons travailler sur ce point pour augmenter notre niveau de bonheur.

Le fait de ne pas accepter ce qui est nous met souvent dans des états de stress, des états émotionnels non contrôlés, des états de haine, etc. Toutes ces situations sont contraires à l'état de bien-être que procurent la paix et le bonheur.

Rappelons-nous que le bonheur se retrouve là où il y a une paix intérieure, sans stress. Donc, l'acceptation doit dorénavant faire partie de votre quotidien, car de toute façon tout change et ce qui est aujourd'hui ne sera plus demain ou après-demain.

Soyons amour, soyons patience, et faisons place à l'acceptation afin d'augmenter notre vibration d'énergie positive et d'attirer des belles choses dans notre vie. C'est à nous de tout mettre en place pour être le plus heureux possible, dans l'amour et dans la paix d'esprit.

Accepter :

- c'est se dire qu'il a fait de son mieux avec les compétences du moment ;
- c'est comprendre que l'état est temporaire et que ça va passer ;
- c'est voir au-delà des apparences et aimer malgré tout ;
- c'est pardonner ;
- c'est comprendre que les choses changent et que ce sera mieux la prochaine fois.

Vous vous demandez sûrement comment on peut accepter l'inacceptable, ou peut-être vous dites-vous : « Je ne peux pas accepter que mon fils soit impoli. » Effectivement, accepter ne veut pas dire laisser tout faire à nos enfants. Dans cet exemple, accepter voudrait dire : comprendre que votre enfant a été impoli, qu'il manque encore de compétence dans ce domaine, lui donner une chance de se reprendre, lui expliquer qu'il doit être plus poli à l'avenir et lui pardonner son erreur en vous disant qu'il fera mieux la prochaine fois.

Nous sommes tous des humains et nous faisons tous des erreurs à un moment ou à un autre. Si on nous reproche continuellement chaque erreur que nous commettons, au lieu de vouloir nous améliorer nous allons plutôt nous refermer comme une huître, nous détacher des gens et ne plus vouloir être en relation avec eux.

Un bon truc pour accepter, c'est de se demander : Que ferait l'amour en ce moment ? L'amour pardonne, comprend, l'amour est compassion, bonté, patience et acceptation.

Afin de bien intégrer l'acceptation, j'ai fixé un petit carton sur mon frigo avec le mot, écrit en grosses lettres : A C C E P T A T I O N. Je le regarde très souvent, ça fait maintenant partie de mes habitudes. Je ne dis pas que c'est toujours facile, pas du tout. Je dois souvent me parler et me rappeler ce mot d'ordre : Acceptation.

J'avoue que c'est un gros morceau à faire passer dans notre processus de croissance personnelle. Il nous oblige à développer notre patience, notre compassion, notre amour, et par le fait même il améliore nos relations avec les gens.

Lorsque les relations sont bonnes, que l'on évite les tensions, que l'on aime profondément les gens, on est plus heureux dans la vie.

En acceptant ce qui est, en ce moment, tout en ayant la foi que cela sera différent bientôt, nous pouvons être plus en paix, espérer le meilleur et ainsi vivre plus heureux.

Conclusion : Le bonheur selon moi

J'espère avoir répondu à votre besoin de trouver des solutions pour être plus heureux à travers mes expériences personnelles et les outils que j'ai trouvés tout au long de ma vie. Il est certain que vous ne pourrez pas utiliser toutes ces techniques dès demain, mais il y en a peut-être certaines qui vous ont interpellé plus que d'autres.

Quelqu'un pourra peut-être bénéficier d'un truc de ce livre : vous-même ou une personne qui en aura besoin à un moment ou à un autre.

Il existe une panoplie d'ouvrages de croissance personnelle, et vous avez choisi de lire celui-ci. Je vous en remercie beaucoup. Je l'ai écrit avec tout mon cœur dans le seul but de vous aider à cheminer vers des jours meilleurs pour une belle aventure de vie.

Je suis consciente qu'il y a beaucoup de gens qui recherchent le bonheur dans leur vie, dans leur couple, dans leur relation, dans leur travail et qui n'ont pas les outils pour être pleinement heureux.

Je ne dis pas que je suis toujours heureuse. Il y a des jours où ça va moins bien et où je me remets en question. Je me demande si je suis à la bonne place, si je continue dans ce chemin. J'ai parfois des conflits avec mon conjoint ou mes enfants, mais avec des outils pour être heureux et avec de la conscience, cela dure moins longtemps. Ne soyez pas rancunier, car lorsque l'on connaît les torts que causent la colère et le stress, on les évite à tout prix.

Le plus important, c'est d'évoluer tous les jours, un jour à la fois et un pas à la fois. Choisissez un truc qui vous inspire et mettez-le en pratique. Faites en sorte que votre vie s'améliore grâce à vos lectures. Lisez des ouvrages de croissance personnelle comme celui-ci tous les jours et mettez en pratique ce que vous y apprenez.

Lire, c'est une chose et c'est super, je vous félicite d'ailleurs d'être arrivé jusqu'à la fin de ce livre. Cela démontre qu'il était intéressant et j'en suis vraiment reconnaissante. Maintenant, vous pouvez le relire pour mieux vous imprégner de certains passages que vous avez aimés. Souvenez-vous que c'est la répétition qui remporte les médailles. Pratiquez-vous à utiliser les outils des livres que vous lisez, prenez des notes, surlignez des passages et relisez-les autant de fois qu'il sera nécessaire pour intégrer la matière.

La lecture nourrit notre âme, et la pratique nous aide à devenir plus heureux de jour en jour.

N'hésitez pas à faire des changements dans votre vie pour devenir plus heureux. Devenez responsable de votre vie et mettez en pratique ce que vous apprenez. Embellissez votre jardin de bonheur.

Je vous souhaite une vie remplie d'amour, de paix et de bonheur.

Annexe : Le bonheur en citations

J'ai eu envie de partager avec vous quelques citations sur le bonheur. Consultez-les à votre guise et intégrez-les dans votre quotidien. Elles feront peut-être une différence dans votre journée.

Spinoza : *Le bonheur n'est pas la récompense de la vertu, mais c'est la vertu elle-même.*

Épicure : *On ne peut pas être heureux sans vivre une vie sage, honnête et juste.*

Albert Schweitzer : *Le succès n'est pas la clé du bonheur. Le bonheur est la clé du succès.*

Meister Eckhart : *Si la seule prière que vous citiez était Merci, ce serait amplement.*

Socrate : *Le bonheur, c'est le plaisir sans remords.*

Albert Schweitzer : *Le bonheur est la seule chose qui se double si on le partage.*

Blaise Cendrars : *Le seul fait d'exister est un vrai bonheur.*

Saint Luc : *Il y a plus de bonheur à donner qu'à recevoir.*

Édouard Pailleron : *Le seul bonheur que l'on a est celui que l'on donne.*

Périclès : *Il n'est point de bonheur sans liberté ni de liberté sans courage.*

Blas de Otero : *Chaque minute de cafard vous prive de soixante secondes de bonheur.*

Fontenelle : *Un obstacle au bonheur est de s'attendre à trop de bonheur.*

Dominique Glocheux : *Le bonheur est contagieux, entourez-vous de visages heureux.*

Gilbert Cesbron : *Un malheur peut être un pas vers le bonheur.*

Proverbe français : *L'argent ne fait pas le bonheur, mais il y contribue.*

Françoise Sagan : *Pour moi, le bonheur c'est d'abord d'être bien.*

Sigmund Freud : *Le bonheur est un rêve d'enfant réalisé dans l'âge adulte.*

Remerciements

Je veux d'abord remercier mes proches pour leur patience : tous les matins, ils me voyaient à mon ordinateur, et pas très disponible pour eux durant de longs moments.

Merci à mon petit Cédric de 10 ans, à qui je demandais chaque matin d'attendre un peu, car maman était en train d'écrire.

Merci à mes deux grands, Fanny et William, pour croire en moi et me laisser aller vers mes rêves, de projet en projet, même si, pour eux, je suis un peu une illuminée.

Merci à mon conjoint, Daniel, qui me soutient dans tous mes projets. Il croit en moi et en mon potentiel depuis le début de notre relation et il m'encourage vraiment à aller vers mes rêves. Je sais que je n'étais pas aussi disponible que tu aurais aimé, mais tu as toujours compris. Merci aussi pour ton partage d'idées pour faire évoluer ce livre.

J'aimerais adresser un merci particulier à ma grande amie Marie-Josée Arel pour le temps qu'elle m'a consacré en entrevue afin que je puisse écrire sur la spiritualité. Marie-Josée est une grande âme, et à la suite de cette rencontre, il s'est produit des changements en moi. Merci encore pour ces belles discussions Je t'en suis vraiment très reconnaissante.

Merci beaucoup à mon ami François Lemay, que je suis depuis le début de ses projets en croissance personnelle. J'ai assisté à tes premières formations, à tes conférences, et une très grande partie de la nouvelle Lyne résulte de tous les apprentissages que j'ai faits avec toi. Je me suis déposée grâce à toi, j'ai appris plein de choses, j'ai osé écrire mon livre, car te suivre et voir tous les gens que tu inspirais m'a à mon tour poussée à passer à l'action et à réaliser mes rêves. Aujourd'hui, tu es un ami, mais tu es bien plus que ça, tu es mon mentor et mon modèle. Merci pour qui tu es.

Un merci particulier également à tous mes autres mentors, coachs ou conférenciers qui ont participé de près ou de loin à ma croissance personnelle : David Lefrançois, David Laroche, Martin Latulippe, John Kobel, Luc-Antoine Malo, et tous les auteurs de livres qui m'ont fait grandir.

Merci à tous mes mentors en marketing relationnel qui, eux aussi, ont contribué à ma croissance personnelle, car c'est une école extraordinaire pour grandir et se dépasser, persévérer et apprendre à entrer en relation avec les autres : Richard Vallée, Carole Gauthier, Chantal Gauthier, Judy et Silvestro, Carl Fleury ainsi que Christine et Pierre Gaudet. Vous avez cru en moi, et grâce à vous j'ai pu passer à un niveau supérieur dans le réseau.

À mes parents, merci pour m'avoir donné ce cadeau qu'est la vie, de m'avoir élevée, éduquée, d'avoir toujours été là pour moi quand j'avais besoin de vous. Merci de ne pas m'avoir jugée dans toutes mes décisions qui ne faisaient pas toujours votre affaire et m'avoir laissée vivre mes rêves et croire en moi malgré tout.

À toutes les personnes qui font partie de ma vie et qui m'apportent quelque chose qui fait que je suis la personne que je suis, merci pour les bons moments passés ensemble, pour votre écoute. Je pense à mon frère Marc et ma belle-sœur préférée, Maryloo, que je côtoie presque toutes les semaines et qui sont toujours là pour écouter mes histoires et mes aventures. Je pense également à tous mes autres amis, et même à mes ex qui ont contribué d'une manière ou d'une autre à celle que je suis aujourd'hui.

Table des matières

MARQUIS
Québec, Canada